40, c'est le nouveau 30

Du même auteur

Et toi, tu fais comment ? À la rencontre des nouveaux parents, Flammarion, 2014.

Julia Vignali

Avec la collaboration d'Olivia Karam

40, c'est le nouveau 30

L'âge de se faire plaisir

Flammarion

ISBN : 978-2-0813-8299-2

« À quarante ans, nous avons le sentiment d'être arrivés en haut de l'échelle, mais de l'avoir posée devant le mauvais mur. »

JOSEPH CAMPBELL

Sommaire

C'est maintenant ou jamais 15

Une transition délicate 23
Un moment de réflexion 26
Passage à vide ou tsunami ? 27
Que ceux qui ont quarante ans lèvent le doigt 29

Bonjour, Madame 31
Tu me donnes quel âge ? 33
Madame, c'est maman ! 36
Je ne suis plus une gamine 37

Irrésistible et décomplexée 39
Tout fout le camp... 41
On ne lâche rien ! 43
Les hommes préfèrent les vieilles 47

Tic-tac 49
Un enfant ? Si je peux... 51
Le plaisir d'être maman sur le tard 54
Un petit dernier pour la route ? 56

To be or not to be maman ? 59
Maman à tout prix ? 61
Maman ? Non merci ! 63

Alors, toujours heureuse ? 67
Avec le temps va, tout s'en va 70
La maman et *la putain* 74
Un sacré remue-ménage 75

C'est reparti pour un tour 79
Rien n'est jamais acquis 81
Chéri, faut qu'on parle 84
Continuons à rêver 85

Quitter l'homme de son ex-vie 89
Courage, fuyons 92
Une seconde chance 94
Rien ne nous arrête 95

Splendeurs et misères du divorce 99
Y a-t-il une vie après le divorce ? 102
Halte à la culpabilité ! 104
La mise en quarantaine 106

La famille décomposée 109
La famille recomposée, la nouvelle famille Ricoré ? .. 112
Chéri, je t'aime... mais c'est chacun chez soi ! 114

L'âge des plaisirs 117
L'âge de la puissance sexuelle 119
Stop à la frustration ! 122
Je jouis donc je suis 126

Rester fidèle… à soi-même 129
Une vie extraconjugale à défaut d'une vie conjugale extra 131
Des vertus de l'infidélité 134
Tous égaux face à l'infidélité ? 136
Quarante ans, l'âge de l'échangisme ? 140

Tu fais quoi dans la vie ? 143
L'être l'emporte sur le paraître 145
Juste une mise au point 147
Le burn-out ne passera pas par moi 150
Nouveau job pour une nouvelle vie 152

L'âge terrible 159

Un jour, j'ai eu quarante ans.

Depuis quelques années déjà, je voyais la date fatidique arriver. Parfois j'y pensais, parfois non. Quarante ans, c'est vieux !

Ça fait déjà vingt ans que je n'ai plus vingt ans… C'est passé tellement vite.

Finalement, j'ai pris « la chose » comme une bonne occasion de rassembler tous les gens que j'aimais, et j'ai décidé de fêter mes quarante ans comme la fin de mes trente glorieuses.

Ce soir-là, j'ai choisi de célébrer quelqu'un que j'aimais bien, qui avait fait ce qu'elle avait pu, pas tout à fait ce qu'elle aurait voulu, mais qui en avait encore « sous le pied » comme on dit. Et surtout une femme qui était amenée à faire un bilan de sa vie. Avec le sentiment que c'était maintenant ou jamais qu'elle devait faire les bons choix.

Je vois bien que je ne suis pas la seule à avoir ressenti les remous qui accompagnent inévitablement cette période de la vie que les Américains qualifient de *midlife crisis*. En français, « crise du milieu de vie ». Quelle horreur, ça sonne comme le commencement de la fin !

Et si c'était plutôt l'occasion de faire « juste une mise au point » comme chanterait Jakie Quartz, et d'accueillir avec panache les promesses de toutes ces belles années à venir.

Quarante, c'est le nouveau trente.
C'est surtout l'âge de se faire plaisir.

J'ai quarante ans, et je ne laisserai personne dire que ce n'est pas le plus bel âge de la vie !

C'est maintenant ou jamais

« L'âge mûr, par définition,
c'est la période de la vie qui précède
l'âge pourri. »

PIERRE DESPROGES

« Quarante ans ? C'est un âge génial ! »... Enfin, c'est ce que disent ceux qui sont déjà passés par là il y a quelques années.

Nous, qui venons de franchir le cap ou qui nous en approchons, ça nous donne plutôt des palpitations, étant donné qu'on n'avait pas prévu d'avoir cet âge-là... si vite !

Il est vrai qu'au départ, il n'est pas forcément évident de voir les aspects positifs de la quarantaine... Et pourtant.

« Il y a un âge pour se raconter sans trop de mensonges : la quarantaine. Avant on enjolive, après on radote. »

JEAN-CLAUDE ANDRO

À vingt ans, on est insouciante et légère, encore étudiante. On vit souvent sous le même toit que ses parents ou en coloc. C'est l'âge des premières amours qui n'en finissent pas de nous briser le cœur et celui des amis par dizaines qui défilent dans notre mini-studio. L'âge adulte est encore loin, et que c'est bon de penser que ça durera toujours…

À trente ans, on a une plus grande expérience de la vie. On pose des jalons de « grandes » tant au niveau professionnel que personnel. On pense à arrêter sa pilule, à déménager dans un (vrai) appart, on est dédiée à son travail, on a les dents longues et la peau ferme… Finalement, on est très sérieuse quand on a trente ans.

Mais à quarante ans, on se connaît mieux soi-même, on est plus sûre de soi. On a parfois quelques économies. Souvent, on commence à revivre, car les enfants ont grandi, la maison aussi et les copines sont toujours de la partie. C'est comme si s'ouvrait à nous une nouvelle majorité dont on a envie de profiter pleinement.

On sait de quoi on parle quand on aborde les hommes et la vie… Notre sexualité n'a rien à envier à celle des minettes : on est enfin devenue cette femme libérée qui connaît mieux son corps et qui est prête à faire tomber tous les tabous.

On a compris ce qu'il nous faut et ce qui est bon pour nous. On sait aussi ce (et ceux) qu'il faut éviter pour être heureuse. On a appris à être indulgente à notre égard : on n'est pas parfaite, mais on l'assume.

Bref, à quarante ans, avec une longue carrière devant soi, beaucoup de temps pour séduire et avoir une vie épanouie… on est une véritable chrysalide en puissance ! À condition de faire les bons choix et de ne pas tarder à les faire.

« Le midi de la vie est l'instant du déploiement extrême, où l'homme tout entier est à son œuvre avec tout son pouvoir et tout son vouloir, mais c'est aussi l'instant où naît le crépuscule. »

Carl Gustav Jung

Il y a quelques années à peine, on ne se posait pas les questions qui fâchent, mais là, on se met subitement à s'interroger dangereusement sur son couple, son bonheur, ses choix professionnels et familiaux…

Tous ces comportements sont motivés par un sentiment d'urgence, lié à une prise de conscience que la vie est éphémère.

Mais pourquoi se prend-on autant la tête à cette période de notre vie ?

Parce que, à quarante ans, il est difficile de ne pas s'apercevoir que la vie file à toute vitesse, si vite que nous avons l'impression de ne pas avoir vu les vingt dernières années se dérouler.

Il y a des choses que je veux faire maintenant, car je ne pourrai pas les faire plus tard. Le compte à rebours a commencé, il faut faire le deuil d'une jeunesse éternelle.

Tout n'est plus possible comme ça l'était avant, on ne va pas se mentir… Les choix deviennent plus précieux, car le champ des possibles se réduit (mais pas comme peau de chagrin, c'est promis !). Si je suis lucide sur mes limites, mes faiblesses et mes imperfections, je ne me résoudrai pas pour autant à avoir des regrets.

Et si c'était maintenant le premier jour du reste de notre vie ? Et s'il était temps de changer de cap professionnel, de partenaire, de lieu d'habitation ? De faire un premier ou un dernier enfant ? Ou tout simplement de se libérer de tout ce qui nous a entravées jusqu'ici et de prendre enfin les bonnes décisions.

Une transition délicate

« On a deux vies et la deuxième commence quand on se rend compte qu'on n'en a qu'une. »

CONFUCIUS

Il ne faut pas oublier qu'il n'y a pas si longtemps, à quarante ans, on était quasiment au seuil de la vieillesse. Sans compter qu'au Moyen Âge, à quarante ans, on était déjà... morte !

Aujourd'hui, heureusement, l'espérance de vie s'allonge et les progrès de la médecine nous maintiennent en forme bien plus longtemps. À quarante ans désormais, on est dans la fleur de l'âge : c'est le nouveau trente.

Pour autant, passer de trente ans à quarante est une transition délicate, c'est le moins qu'on puisse dire.

C'est un moment de réflexion, de mutation, le signal d'alarme d'un besoin d'évolution personnelle : il est temps d'explorer son moi profond, d'écouter ses envies, de s'ouvrir à de nouveaux horizons et, surtout, de se faire plaisir !

Si la crise de la quarantaine n'est pas un fait scientifique déterminé biologiquement ni une « crise identitaire » à proprement parler (ça va, je sais qui je suis, quand même, ça fait quarante ans que je me pratique !), cette période est un moment charnière, une étape salutaire et nécessaire.

Un moment de réflexion

On a passé la première partie de sa vie à répondre aux exigences extérieures et aux impératifs sociétaux – boulot, famille, maison, etc. –, mais il est temps à présent de se poser les bonnes questions pour réussir cette deuxième moitié de vie qui nous attend.

Jusque-là, on a vécu dans une sorte de « tunnel » de projets, de rêves, de responsabilités : un bolide lancé à toute vitesse sur l'autoroute de la vie. La pression sociale et un emploi du temps surchargé nous ont empêchées de nous poser les questions fondamentales. Maintenant, nous voilà arrivées à un péage : on doit lever le pied pour réfléchir deux minutes, souvent beaucoup plus.

Bien sûr, des questions on s'en est posé, déjà. Mais vers quarante ans, on veut conforter ses choix ou en faire de nouveaux.

Émilie, quarante-trois ans, mère au foyer : *Le jour de mes quarante ans, je me suis rendu compte que je n'avais pas été vraiment actrice de ma vie jusqu'alors. Mes études ? Avec deux parents médecins, je n'avais pas eu trop le choix du cursus ! Ensuite, j'ai suivi mon mari expat sans me poser de questions et à chaque nouvelle destination, un nouvel enfant est arrivé. Ce jour-là, je me suis levée en me demandant si cette existence était réellement celle que j'avais choisie. Ce n'est pas tant que ma vie ne me plaisait pas, c'est juste que je voulais y réfléchir et faire en sorte qu'elle soit plus conforme à mes désirs.*

Passage à vide ou tsunami ?

Le cap de la quarantaine prend souvent les traits d'un « léger passage à vide » : d'une simple tristesse à un malaise qui s'installe, d'un sentiment de colère à l'impression de ne servir à rien, les manifestations sont multiples.

Parfois même carrément surprenantes, voire violentes : on en connaît qui ont quitté le domicile conjugal après vingt ans de bons et loyaux services pour rejoindre un collègue ou une baby-sitter. D'autres enverront sur un coup de tête une lettre de démission à leur employeur pour devenir prof de yoga... Qu'est-ce qu'on est créatifs quand on a quarante ans !

Hélas, c'est aussi à l'occasion d'un coup dur que peut intervenir ce moment de réflexion : la maladie d'un proche (ce p... de cancer du sein de votre sœur), un pépin de santé qui vous cloue au lit pendant plusieurs semaines, un décès, un échec professionnel...

Dans ces cas-là, le traumatisme crée une prise de conscience brutale qui peut tout remettre en question.

Laetitia, quarante ans, qui se remet tout juste de son divorce : *L'année dernière, à quelques jours d'écart, mon frère a eu un très grave accident de la route qui l'a laissé dans le coma pendant plusieurs mois, et on a détecté un lymphome à mon père. Mon mari, préoccupé par ses soucis professionnels, n'a pas pris la mesure de mon immense chagrin et je me suis sentie tellement seule face à ces épreuves. Notre couple était déjà bancal depuis un certain temps, mais ces événements ont considérablement accéléré ma décision de le quitter.*

Dans tous les cas, il s'agit d'une étape décisive. D'un seul coup la monotonie devient notre pire ennemi, nos profondes aspirations nos meilleures amies. À nous de décider que ce cap est celui qui nous mènera vers de nouvelles opportunités et une vie pleinement choisie.

Que ceux qui ont quarante ans lèvent le doigt

Quand on parle de la période de transition des « quarante ans », il n'est pas question de l'âge inscrit sur son état civil, entendons-nous bien.

Si vous ne pratiquez pas le selfie à tout bout de champ, que vous faites des *blind tests* en écoutant Radio Nostalgie, et si vous vous souvenez de la première élection de François Mitterrand… alors, vous avez quarante ans.

Si, à la maison ou dans votre cercle familial et amical proche, des ados ne se gênent pas pour vous faire comprendre en levant les yeux au ciel que vous êtes « trop vieille », alors, vous avez aussi quarante ans.

Finalement, ça fait du monde : on peut avoir quarante ans, de trente-cinq à cinquante ans !

Bonjour, Madame

La vie d'une femme est constituée de rites de passage : premières règles, premier baiser, premier amoureux…

Le premier « Bonjour, Madame » en fait partie, au même titre que le premier cheveu blanc qu'on arrache discrètement en pensant qu'il ne repoussera plus !

Tu me donnes quel âge ?

« Madame, vous avez l'heure, s'il vous plaît ? »

Subitement, cette question, pourtant anodine, vous fait passer de l'autre côté de la rive : il n'y a pas si longtemps, pourtant, on vous disait « T'as pas l'heure s'te plaît ? » Désormais, Madame, c'est nous, et c'est un scandale ! D'autant plus que ce « Madame », contrairement à nos cheveux blancs, il ne nous quittera plus, ou très rarement.

Parfois, un miracle se produit quand un gentil monsieur nous appelle « Mademoiselle ». C'est vrai que ce sont généralement de très vieux messieurs qui disent cela, mais qu'est-ce que c'est agréable à entendre. Une petite cure de jouvence bienvenue.

On est toujours la jeune de quelqu'un, même quand on a quarante ans !

Lucie, quarante-deux ans, en paraît cinq de moins : *Je me rappelle qu'un jour, alors que nous étions en train de fêter l'anniversaire de mon beau-fils, un de ses copains lui a demandé, en me désignant, si sa « nounou » voulait bien qu'il reste dormir chez lui. J'ai cru m'évanouir de bonheur face à cet enfant qui m'avait confondue avec la baby-sitter. On sait bien que la vérité sort de la bouche des enfants, non ?*

Finalement, ce sont les autres qui nous « apprennent » notre âge.

C'est aussi en regardant ceux qui ont notre âge qu'on prend conscience du nôtre.

Olivia, quarante et un ans, en couple avec Jean-Philippe depuis le lycée, se souvient : *À l'occasion des vingt ans de notre bac, toutes les classes de terminale de l'époque se sont réunies pour un dîner d'anciens combattants. J'ai été sidérée de voir à quel point le temps avait fait son œuvre sur mes petits camarades... En débriefant avec Jean-Phi au retour, j'ai pris un malin plaisir à évoquer ces nanas sur lesquelles il fantasmait à l'époque et qui avaient « pris cher », alors que « nous, quand même, on est restés super sexy ». Il m'a gentiment fait remarquer que les autres pensaient certainement la même chose de nous, et s'est étonné de ma capacité à considérer que ce sont uniquement les autres qui ont des rides et les seins qui tombent. Sympa, non ?*

Parfois, c'est une situation de la vie courante qui nous met face à notre statut de « Madame ». Dans une salle d'attente, à l'école de nos enfants ou au supermarché, impossible d'y échapper : on nous met dans une case, et, dès qu'on a dépassé les trente ans, on nous appelle « Madame ».

Peu importe, depuis 2012, le Conseil d'État a validé la suppression du terme « Mademoiselle » dans les formulaires administratifs.

Bref, il n'y a plus de Mademoiselle qui tienne.

Madame, c'est maman !

Mais pourquoi cette sensation étrange quand on nous appelle Madame ? Pourquoi nous faut-il parfois encore quelques secondes pour réaliser que Madame, c'est bien nous ?

Cela n'a rien à voir avec le déni de l'âge, ni avec le fait de ne pas vouloir vieillir, nous dit Ghislaine Szpeker-Benat, psychanalyste : « Quand on vous appelle Madame, ça vous rappelle votre maman… qu'on appelait Madame. »

Mais dites-moi, ma chère Ghislaine, si moi je deviens « Madame », ma mère, elle devient quoi ? Une « grande Madame »… une grand-mère, quoi.

Une vieille dame qui a déjà un pied dans la tombe ? Mais qui voudrait mettre sa mère dans une telle position ? En prenant nous-même de l'âge et en changeant de génération, on s'aperçoit qu'on fait vieillir nos parents. Voilà qui n'est pas évident à accepter.

Et si on pousse le raisonnement un peu plus loin ? Si Madame, c'est maman, alors papa, c'est Monsieur… donc papa, c'est notre mec ?!

Bon… calmons-nous. On se détend et on règle ses problèmes d'Œdipe : on ne va pas enterrer maman ni épouser papa. Et on prend les « Bonjour, Madame » avec le sourire !

Je ne suis plus une gamine

Devenir Madame et assumer ce titre nous permet de sortir d'une certaine infantilisation.

Laura, trente-neuf ans, enceinte de son deuxième enfant : *J'ai toujours eu des relations conflictuelles avec ma mère qui passait son temps à me donner des conseils et à critiquer mes choix de vie. Ma première grossesse a été très éprouvante, j'ai dû rester de nombreuses semaines alitée, et je dois dire que maman a été prévenante et attentive, mais jamais intrusive : exactement ce qu'il me fallait. Quand Lou est née, c'est comme si j'avais enfin pris mon envol. Je n'étais plus seulement la « fille de », mais la « maman de ». Depuis, nos relations sont apaisées et je ne me sens plus une gamine face à ma mère.*

La quarantaine, à plus juste titre si l'on a des enfants, offre l'occasion de se libérer de la contrainte d'aimer ou de rejeter ses parents… Accepter qu'ils soient humains et qu'ils aient fait des erreurs, comme nous en faisons avec nos propres enfants : une forme de liberté qui ressemble à de la maturité !

Irrésistible et décomplexée

« La jeunesse a un joli visage,
l'âge a une belle âme. »

PROVERBE SUÉDOIS

Tout fout le camp…

À l'approche de la quarantaine, nous découvrons avec stupeur que tout fout le camp.

Depuis plusieurs années déjà, on a fait connaissance avec cellulite, vergetures et autres jolies surprises de la nature, surtout si on a donné la vie – qui plus est à plusieurs reprises.

Des changements discrets, d'abord, puis plus évidents finissent par nous sauter aux yeux dans le miroir. Les kilos qu'on perdait jusqu'alors en quelques semaines de restriction semblent ne plus vouloir quitter notre corps. Notre peau, relâchée, plus sèche et plus fragile, n'a plus grand-chose à voir avec celle de nos trente ans : peau de pêche et joues rebondies se sont fait la malle.

Inès, quarante-deux ans, deux enfants : *J'ai dit au revoir à mon 90C, puis à mon 90B, après mes deux grossesses successives. Entre ma cicatrice de césarienne et mes vergetures indélébiles, j'ai fait une croix sur le bikini depuis bien longtemps… Quant au jean taille basse, ce n'est plus trop d'actualité depuis que mes enfants s'amusent à me pincer « la peau qui déborde ».*

Si « la vieillesse est un naufrage », à quarante ans, il est encore temps de sauver les meubles.

On est prêtes à accepter avec courage les ailes de chauve-souris qui poussent sous nos bras, la peau de coude qui se distend (le bras tendu, pincez et tirez vers le bas la peau de votre coude pendant au moins cinq secondes et observez… *no comment*), les hanches qui s'épaississent et l'ovale du visage qui se floute. Mais hors de question de céder à la résignation amère !

Je m'accepte comme je suis, mais je ne laisse pas la barque couler.

Dans une société qui cultive les valeurs liées à la jeunesse, certaines quarantenaires, angoissées devant ce « terrible » constat, jettent leur dévolu sur un chirurgien esthétique… Doit-on les blâmer de vouloir des seins neufs et un front lisse ? Tout dépend de ce qu'elles viennent chercher : elle-même en mieux, celle qui n'existe plus, ou carrément une autre ?

Pas toujours facile d'accepter et d'aimer ce corps, rappel incessant du temps qui passe.

On ne lâche rien !

« Après quarante ans, une femme doit choisir entre sa silhouette et son visage. Choisissez le visage et restez assise. »

BARBARA CARTLAND

Si vous envisagez tout de même de continuer à vivre debout, faites du sport !

Jusqu'alors, il était encore possible de faire illusion sans activité sportive, mais à quarante ans, on n'a plus le choix. Clairement, même à travers un jean, on peut repérer celles qui en font… et les autres.

Les spécialistes le disent : le top de notre forme est atteint aux alentours de trente-cinq ans, mais le déclin réel n'est pas prévu avant la cinquantaine : il nous reste donc une jolie dizaine d'années à mettre à profit, alors on fonce.

Lydie, quarante-trois ans, mère de famille, décomplexée : *J'ai décidé de me mettre au twerk à l'âge canonique de trente-neuf ans. Mais si, vous savez, twerker c'est faire le ventilo avec ses fesses en position accroupie... comme Miley Cyrus ! Mon mari m'a vraiment regardée de travers quand il a vu que sur l'historique de l'ordinateur familial, j'avais tapé* « how to twerk » *dans Google. Je sais que personne à la maison ne me comprend, surtout pas mes adolescentes, mais mes fesses m'ont complexée toute ma vie et là, j'ai enfin trouvé comment faire la paix avec elles en les mettant en valeur. Une vraie* « booty therapy ».

Mais attention, même si la pratique régulière d'une activité physique est un excellent moyen d'être épanouie dans sa tête et dans son corps, ne négligeons pas notre âge et notre arthrose naissante : il faut parfois savoir remiser son tutu et ses chaussons de danse au profit d'une tenue de yoga ou de pilates plus adaptée.

Côté nutrition, à quarante ans, le plus souvent, on a à peu près tout essayé pour perdre du poids : les régimes hyperprotéinés, le jeûne, le sans gluten, le zéro sucre… A priori, on sait que l'on ne perdra plus si facilement les trois kilos dont on voudrait se débarrasser avant l'été, mais bizarrement, et contre toute attente, ce n'est presque plus un sujet. Nos valises sont maintenant remplies de paréos et de maillots une-pièce, et le problème est enfin réglé. On est bien plus douce avec soi-même quand on a quarante ans.

Hélène, quarante-deux ans, huit kilos en trop (selon elle) : *J'ai passé vingt ans à essayer par tous les moyens de passer du 40 au 38. Force est de constater qu'au bout du compte, non seulement je n'y suis pas arrivée, mais qu'en plus je fais maintenant du 42… Et là, je me dis que j'aurais peut-être mieux fait de m'accepter avec ces quelques kilos de trop à l'origine, ce qui m'aurait évité de me pourrir la vie pendant toutes ces années. C'est en regardant des photos de moi quand j'avais trente ans et que je me trouvais « grosse » (en vrai, j'étais mince !) que je me dis qu'il faut absolument que j'arrête de me faire du mal, que je m'accepte comme je suis et surtout que je me fasse plaisir.*

À quarante ans, place au bon sens et à une alimentation équilibrée au quotidien : exit les plats tout préparés, bourrés de sucre et de conservateurs, avalés devant la télé et vive le fait-maison partagé en famille !

Et puis, à défaut de maigrir, on sait cacher la misère, car on sait enfin s'habiller ! Après avoir testé toutes les tendances, toutes les couleurs, et toutes les coupes, on a trouvé notre propre style qu'on maîtrise avec élégance. Le trop court et le trop décolleté, ce n'est plus pour nous. Le petit haut moulant qui fait ressortir le bourrelet disgracieux au-dessus du jean, non plus. Et que dire des collants jaune pétard ou rouge carmin ?

Misons sur les valeurs sûres, la pièce chic et sobre… et surtout les accessoires ! Côté maquillage, c'est pareil, on va à l'essentiel. Exit le fond de teint épais et le gloss à lèvres vermillon : ça plombe le visage et ça creuse les rides. On oublie tout ce qui brille ou qui scintille, les couches de fard plaquées sur le visage et les ombres à paupières qui accentuent les cernes.

Tout ça, ce n'est plus de notre âge ! Eh oui, il faut se rendre à l'évidence.

Ne pas paraître trop vieille, rester mince à tout prix, mettre toute son énergie à lutter contre les rides et le temps qui passe, est-ce vraiment cela le combat d'une femme de quarante ans ?

Les hommes préfèrent les vieilles

> *« Personne n'est jeune après quarante ans, mais on peut être irrésistible à tout âge. »*
>
> COCO CHANEL

La vérité, c'est qu'à quarante ans, la femme est souvent plus attirante pour un homme : ce qui lui déplaît dans son physique est justement ce qui attire le regard des hommes sur elle. Ses fesses rondes et son petit ventre la rendent plus désirable encore.

Caroline Leroux, sexologue et psychologue clinicienne : « La femme de quarante ans est ultra-sollicitée, par des hommes de tous âges, jeunes ou vieux, car elle représente la Femme avec un grand F. »

Laurent, quarante-quatre ans : *J'ai divorcé il y a cinq ans et s'est alors présentée à moi une période de célibat dont j'entendais profiter à fond. Comme je suis bel homme, me dit-on, les propositions n'ont pas manqué et j'avoue qu'au début, mon ego de mâle a parlé et je suis sorti avec plusieurs jeunes femmes qui ne dépassaient jamais la trentaine. Quelle fierté de les emmener au restaurant à mon bras, surtout quand on y croisait des potes de mon âge. Mais quel ennui une fois dans l'intimité.*

Elles n'ont pas grand-chose à raconter. Elles sont lisses et interchangeables. Il y a deux ans, j'ai rencontré Frédérique, elle a le même âge que moi, mais un sex-appeal et une assurance qui me rendent fou de désir. Rien ne vaut une quadra épanouie qui s'assume.

L'indépendance que nous confère notre âge nous rend à la fois intrigantes et séduisantes.

Finalement, on n'était pas ravie de les avoir ces quarante ans, mais maintenant qu'on y est, on ne reviendrait en arrière pour rien au monde.

Tic-tac

La grande question qui se pose à présent, c'est celle de « l'horloge biologique ». Celle dont on entendait le lointain « tic-tac » pendant la trentaine se transforme, à l'orée de nos quarante ans, en un gros carillon qui prend la tête.

S'il y a crise, pour nous les femmes, elle est sûrement là.

Un enfant ? Si je peux…

Pour celles qui veulent un bébé, à quarante ans, c'est maintenant ou jamais. Si l'espérance de vie a presque doublé en cent ans, la durée de la fertilité, elle, n'a pas bougé. Et malgré les progrès de la PMA (procréation médicale assistée) et les magazines qui nous font croire qu'il n'est jamais trop tard, si on a encore trente ans dans sa tête, notre utérus, lui, a bien quarante ans.

« La vraie urgence, la seule, nous dit Ghislaine Szpeker-Benat, pour les femmes de quarante ans, concerne la maternité. » Que ce soit pour décider d'avoir un premier enfant ou de faire le petit dernier.

Malgré le slogan optimiste du planning familial : « Un enfant quand je veux ! », en vrai, on le sait, c'est un peu plus compliqué que cela. Il paraît qu'on est faites pour avoir des enfants autour de vingt-cinq ans. Il est indispensable d'avoir en tête que la fertilité devient plus complexe dès trente ans.

Alors, quand on a un projet de grossesse après trente-cinq ans, il faut consulter dans l'année pour mettre toutes les chances de son côté. Et pouvoir avoir recours, le cas échéant, à des aides à la procréation. C'est difficile à entendre, peut-être parce qu'il s'agit d'une réalité dont on parle trop peu.

Éléonore, quarante et un ans, sans enfant, trois FIV : *Cela me met en colère quand je vois toutes ces femmes connues dans les magazines qui sont enceintes sur le tard, alors que l'on sait a priori qu'elles ont subi le parcours du combattant pour en arriver là. Laissez croire aux femmes qu'on peut tomber facilement enceinte à quarante-cinq ans, c'est n'importe quoi ! Moi, si j'avais su qu'on était moins fertiles à partir de trente-cinq ans, je vous jure que j'aurais pris les choses en main, en congelant mes ovocytes par exemple. Aujourd'hui, j'ai quarante et un ans, presque plus de réserve ovarienne, et j'ai fait trois FIV qui n'ont pas marché. Je vais me tourner vers l'adoption, en espérant qu'il ne soit pas trop tard.*

En outre, les femmes de plus de trente-cinq ans ont davantage de risques de fausses couches et, pour certaines, une ménopause précoce peut même être déjà en route. Sans parler des complications éventuelles qui concernent les grossesses tardives – hypertension artérielle, problèmes vasculaires, diabète, accouchements prématurés. Joli programme de réjouissances !

Gardons également à l'esprit que l'altération du sperme est une réalité, surtout si on a choisi Monsieur avec dix ans de plus que nous.

Tout ça c'est quand même loin des images que veulent bien nous donner les médias.

Le plaisir d'être maman sur le tard

Anne-Laure, quarante et un ans, vient d'accoucher de son premier enfant : *À mon sens, avoir un bébé à quarante ans est différent d'avoir un bébé à vingt-cinq ans. C'est vrai que je suis un peu plus fatiguée que mes copines qui ont dix ans de moins, mais je suis aussi beaucoup moins stressée qu'elles. Il faut dire que j'ai déjà construit ma carrière professionnelle, et je n'ai pas peur de profiter au maximum de mon congé mat. D'ailleurs, j'ai pris un congé parental de trois ans jusqu'à la rentrée à l'école maternelle de Lucas. Je n'aurais pas pu faire cela à trente ans.*

À quarante ans, même s'il faut faire face à des responsabilités professionnelles, la carrière est généralement assurée et la sécurité financière assise, les challenges principaux sont derrière soi et on a donc une meilleure disponibilité pour l'enfant à venir.

« La plupart des jeunes couples trentenaires parlent de leur désir d'enfant, mais ne le transforment pas en projet de parentalité. Ils pensent que leur vie sera la même avec du bonheur en plus... Mais en fait, ils vont devenir éducateurs bénévoles dans leurs temps de loisirs », nous explique Isabelle Tilmant, thérapeute de couple.

À trente ans, si on désire un enfant, c'est parce qu'on s'aime, qu'on a l'âge d'en avoir, qu'on ne s'imagine pas sans. Parce que c'est le bon moment. On a une vie à construire, on a fait des projets comme les copines, et on fonce tête baissée dans la parentalité, absorbées par la joie de cette future naissance qui sera, c'est obligé, « un heureux événement ».

On ne se rend pas toujours compte du réel engagement que cela représente. Pourtant, qu'est ce qu'on peut se poser comme questions : Qui va se lever au beau milieu de la nuit ? Sein ou biberon ? Cododo ou chambre séparée ? Éducation stricte ou baba cool ? Nounou ou crèche collective ? École publique ou privée ? Fac ou école de commerce ?

À trente ans, ça prend la tête, à quarante, on en rigole d'avance.

Le fait d'avoir quarante ans et l'expérience qui va avec, c'est un plus pour anticiper les remous d'une parentalité débutante. On en a vu, pendant toutes ces années d'observation, des couples hypermotivés, hyperamoureux, et qui, après deux bébés, se retrouvent… hyperdivorcés !

À quarante ans, on a pleinement conscience du côté précieux de l'arrivée d'un enfant dans notre vie et de notre chance d'être mère. Surtout pour celles qui ont dû reporter leur désir de maternité ou qui ont craint de ne pas pouvoir le concrétiser un jour, parce qu'elles n'avaient pas de partenaire pour créer de projet parental à deux ou qu'elles ont rencontré des problèmes de fertilité.

Maman sur le tard, on a moins tendance à se plaindre de notre fatigue, même si on récupère moins vite que les toutes jeunes mères. Parce qu'on vit enfin pleinement son désir, parce qu'on concrétise un projet d'enfant qui a eu le temps de mûrir, forcément, on ressent moins la privation de liberté que représente l'arrivée d'un bébé.

Pour ces quadras, « l'enfant vient couronner leur vie », selon Isabelle Tilmant.

Un petit dernier pour la route ?

Quand les couches ne sont plus qu'un lointain souvenir et que les aînés sont grands, presque autonomes, certaines d'entre nous sentent peser sur elles la menace du temps et ont envie de pouponner une dernière fois. Un désir qui se manifeste réellement vers la quarantaine… avant qu'il ne soit trop tard.

Mais un dernier-né qui repousserait l'âge de la ménopause, qui retiendrait le temps qui passe et ferait office de bain de jouvence, est-ce vraiment une bonne idée ?

Même si on sait qu'il n'y a pas de « bon moment » théorique pour faire un enfant, il est essentiel d'identifier les mauvaises raisons d'en faire un. Et notamment, ne pas imaginer faire un bébé pour cimenter son couple : un enfant, ça peut mettre le souk.

Leïla, quarante-quatre ans, divorcée de Benoît : *Avec mon mec, cela n'allait plus très bien depuis un certain nombre d'années. On était devenus des colocataires avec un enfant plutôt qu'un véritable couple. L'envie de sauver notre histoire a motivé ma seconde grossesse. On voulait retrouver l'exaltation de la première fois. Nous n'y sommes jamais parvenus et la naissance de Justine n'a fait que nous éloigner encore plus l'un de l'autre. Je l'avoue, j'ai pensé qu'un nouveau bébé pourrait colmater les brèches, finalement, ça n'a fait qu'agrandir le gouffre.*

Passer de deux à trois, ce n'est pas de la tarte. Mais passer de trois à quatre, non plus, d'autant plus quand l'équilibre du couple est précaire.

Faire un enfant rapproche le couple parental, mais sépare le couple marital, en tout cas au début. Décider de faire un bébé (le premier ou le petit dernier), quand son couple va déjà mal, c'est l'échec annoncé.

To be or not to be maman ?

Maman à tout prix ?

Pour certaines femmes qui n'ont pas encore eu la chance de rencontrer le père de leurs enfants, le désir de devenir mère à l'approche de la quarantaine est plus fort que tout. Même pour celles qui ont privilégié le pôle professionnel, à quarante ans, devenir maman peut carrément virer à l'obsession. La question de l'enfant finit toujours par rattraper celles qui ont volontairement repoussé l'âge de la maternité.

Léonie, trente-neuf ans, célibataire pas endurcie, sans enfant : *Mes amis disent de moi que je suis une amazone. Tout cela, parce que j'ai eu pas mal d'hommes dans ma vie. Il m'est arrivé d'être en couple, mais il semblerait que je n'ai encore jamais trouvé la bonne personne pour me poser et faire un bébé. J'ai bientôt quarante ans et autant vous dire que c'est un peu une situation de crise pour moi, car je ne me vois pas faire ma vie sans enfant, mais alors pas du tout. J'ai décidé de ne plus prendre la pilule et de laisser le hasard décider pour moi. Mon désir d'enfant est tel que j'accepte l'idée d'en faire un avec un homme de passage dans ma vie.*

Et nombreuses sont celles qui partent à l'étranger faire un « bébé toutes seules ».

Bien sûr, le choix de ces héroïnes des temps modernes, qui décident de concrétiser seules leur désir d'enfant et de devenir une maman sans papa, n'est pas toujours évident à assumer. D'abord, il faut accepter le jugement des proches et des moins proches – pas toujours compréhensifs et bienveillants –, faire fi du qu'en-dira-t-on et accepter de susciter toutes sortes de comportements (compassion, désapprobation, rejet…).

Et, bien sûr, il faudra élever seule cet enfant, risquer une relation fusionnelle pas toujours simple et bénéfique, tenter de pallier le manque de figure paternelle pour assurer sa construction identitaire, et assumer jusqu'au bout cette monoparentalité volontaire.

Laetitia, quarante ans, a fait un bébé toute seule en Espagne : *Je suis rentrée seule de la maternité avec mon bébé, les valises, les cadeaux... J'ai allaité ma fille pendant six mois. Elle ne faisait pas ses nuits, c'était très dur. Il y a eu des moments difficiles, mais j'étais si heureuse d'avoir concrétisé mon désir le plus cher : être maman. Aujourd'hui, Lucille a quatre ans. Elle sait qu'elle n'a pas de papa mais un père biologique. Je me sers de livres et de témoignages pour lui parler de son histoire et, surtout, je fais en sorte de ne pas rester en vase clos avec elle. On voit du monde, elle a des tontons, un parrain, des figures d'hommes auxquelles elle peut s'attacher, c'est très important. L'idéal serait que je rencontre quelqu'un, ce qui m'éviterait d'endosser le rôle du papa et de la maman car c'est très fatigant parfois !*

Maman ? Non merci !

Certaines femmes font le choix délibéré de ne pas avoir d'enfants, tournant volontairement le dos à ce qui est leur « fonction » depuis des millénaires... Elles sont peu nombreuses encore à s'exprimer.

Les préjugés sur celles qui ne veulent pas d'enfants vont bon train et le sujet reste tabou dans notre société où la culture de la parentalité triomphante est la norme.

Non, ces femmes ne sont pas des égoïstes, elles ont pris une décision délibérée et ont fait le choix d'un autre bonheur.

Pour les femmes qui se sont investies dans leur carrière, le temps et l'attention que réclament des enfants se présentent comme un frein à leurs responsabilités : comment concilier voyages et déplacements, agendas remplis et horaires à rallonge avec une grossesse et l'arrivée d'un bébé ?

Et puis, si c'est pour laisser ce tout-petit à la nounou ou aux grands-parents... à quoi bon ?

Irina, quarante-deux ans, grand reporter : *J'ai refusé les diktats de la société et je n'ai pas voulu subir les pressions de mon entourage qui a commencé à me demander dès que j'ai eu trente-cinq ans : « Quand est-ce que tu fais un bébé ? » Je me suis beaucoup interrogée, mais j'avoue que j'ai un métier tellement prenant, qui me passionne et qui m'envoie aux quatre coins du monde, que je n'ai pas pu me résoudre à faire une croix dessus. Cela a été compliqué d'assumer mon choix, car les gens me renvoyaient une image d'égoïste. Depuis que j'ai passé la quarantaine, tout le monde se tait, plus personne n'ose me demander où j'en suis de mon désir d'enfant. Ils sont gênés, pensant que j'en souffre, car c'est trop tard... Ça me fait sourire et surtout ça me soulage !*

Pour d'autres, un enfant représente une privation d'intimité insupportable. Partager son amoureux, c'est totalement inenvisageable. Elles veulent être tout pour lui : sa femme, sa maîtresse, son amie, sa mère ou même... son enfant.

Et à cette privation d'intimité, il faut ajouter une privation de liberté, de temps pour soi et d'un sommeil de qualité. Avec le projet d'une éventuelle grossesse, il faut accepter de remettre en question ce confort de vie, avoir un rythme plus régulier, et disons-le, moins rock'n'roll !

Question sexualité par exemple, il y a quand même un avant et un après-bébé. Si on était méchants, on dirait qu'avant eux, c'était quand même mieux !

Pour toutes ces femmes qui ne veulent pas d'enfants, féminité ne rime pas forcément avec maternité et ce choix assumé et réfléchi ne les empêche pas de se réaliser pleinement.

Du côté de l'inconscient, comme nous l'explique Ghislaine Szpeker-Benat, c'est peut-être un peu plus compliqué.

En effet, « les questions qui se posent à quarante ans sont toujours en relation avec une expérience de vie en rapport avec sa propre mère : Que s'est-il passé quand ma mère a eu quarante ans ? Papa est parti à ce moment-là ? Il est parti pour une plus jeune ? »

C'est vrai que, une fois devenue maman, il est compliqué de faire l'impasse sur la relation que l'on a eue avec sa propre mère. Et cette question peut devenir un vrai problème si ces relations ont été pénibles et compliquées.

« Quand on a la chance d'avoir une maman qui vous laisse partir tranquillement faire votre vie, avoir des amoureux, on n'a pas peur pour elle, pas peur d'être comme elle (inquiète, abandonnée), on n'est pas coupable de vivre sa vie, on n'a pas peur du conflit, parce qu'on a sa propre vie de femme tout en continuant à avoir une vie de famille. »

Mais l'identification à sa propre mère peut être douloureuse, et, dans ce cas, on craint de lui ressembler en devenant mère à notre tour. Seulement, à quarante ans, il est temps de devenir réaliste : « Ne vous inquiétez pas, nous confirme Ghislaine Szpeker-Benat, vous ne deviendrez jamais votre mère ! »

Alors, toujours heureuse ?

« Vivre c'est désirer,
cesser de désirer, c'est mourir. »

RAYMOND LULLE

Souvenez-vous quand, au départ, vous avez rencontré votre chéri, vous étiez dans un état amoureux intense. La curiosité de l'un pour l'autre était à son paroxysme.

« Toi aussi tu allais au jardin du Luxembourg quand tu étais petit ? Oh ! c'est fou, on s'est peut-être croisés là-bas ! »

« Tu es allergique aux fruits à coque ? Oh ! c'est drôle, comme moi. »

L'impression que l'autre ressentait les mêmes émotions que vous au même moment, comme si le ciel vous avait réunis après un long moment d'errance dans la nuit ! Et chacun de reconnaître dans cette conformité une réelle marque d'amour. Sans parler du regard que chacun portait sur l'autre, un regard positif, encourageant et bienveillant : « Bravo, ma chérie, je suis fier de toi, tu es la meilleure... »

Bref, une réelle symbiose et vos cœurs qui battent à l'unisson. Et bien sûr, une intimité physique débridée.

C'est beau la naissance d'un amour !

Avec le temps va, tout s'en va

Mais, force est de constater, que le temps passant, l'adage « Loin des yeux, loin du cœur » s'est transformé malgré nous en « Près des yeux, loin du cœur ».

Mais que s'est-il donc passé pour que le plaisir d'être juste ensemble ait disparu au profit de la certitude de retrouver son conjoint sur le même canapé, avec en fond sonore le même programme télé ?

Rentrer chez soi sans se demander si l'autre sera toujours là, ne plus s'efforcer de se faire belle et désirable... De toute façon, il sera là à notre retour puisque nous partageons le quotidien ensemble, la même chambre à coucher, les mêmes enfants et les mêmes emmerdes.

Marie-Sophie, quarante-deux ans, infirmière, trois enfants : *Quand je quitte l'hôpital et que je fonce pour rentrer à la maison, ce n'est malheureusement pas pour retrouver mon homme... Ça, c'était avant... Je sais qu'il faut que je me dépêche pour faire trois courses, préparer le dîner et faire les devoirs avec les enfants. Comme j'aimerais penser à me faire belle et me changer pour le retrouver... Mais il arrive, fatigué après sa longue journée de boulot. Il ne me regarde même pas, n'a pas vu ma nouvelle coupe de cheveux et me demande seulement : « On mange quoi ce soir ? » Non, mais il est passé où le plaisir de se retrouver ? Il est où le désir ? Je me dis que je n'ai que quarante-deux ans et que je mérite un peu plus de considération. Avec lui, je me sens si souvent vieille et moche...*

Avec le temps, on est déçue par une moins grande disponibilité, une sexualité plus « plan-plan », les petites attentions du quotidien qui se font plus rares, le couple parental qui prend le pas sur le couple conjugal... Et c'est pour cela, qu'avec le temps, il n'est pas étonnant que les femmes quarantenaires avouent de plus en plus souvent être infidèles à l'homme qui partage leur vie depuis tant d'années.

Avec le temps, même celles qui sont « heureuses », recherchent malgré tout le regard d'un autre homme, plus inaccessible, plus fantasmé, plus… tout !

Delphine, quarante-trois ans, quinze ans de mariage : *Je me sens bien avec Romain, c'est un père attentif et un mari prévenant. Nous rions beaucoup ensemble et continuons à partager de très bons moments d'intimité, mais c'est un peu la routine. Sans véritablement le chercher, j'ai rencontré un homme avec lequel j'entretiens une relation virtuelle (nous échangeons beaucoup par Internet et par texto depuis un an). Je ne comprends pas pourquoi je prends le risque de me faire peur (si Romain découvre cette correspondance, il me quitte !), mais c'est comme si j'en avais besoin.*

Delphine se demande ce qu'elle cherche vraiment. Elle ne veut pas tout chambouler dans sa vie et n'envisage pas une séparation avec Romain. Ce n'est pas à proprement parler de l'amour d'un autre homme dont elle a envie, mais d'une excitation psychique : *Je vais m'ennuyer dans mon couple comme ça encore longtemps ? J'ai quarante-trois ans, je suis encore désirable, mes enfants grandissent et j'ai un peu plus de temps pour moi. J'ai envie de me faire plaisir, de continuer à rêver et à faire rêver.*

Il est logique qu'au bout de quelque temps, une relation amoureuse, même satisfaisante, ne soit plus à même de nous nourrir entièrement.

D'ailleurs, selon la théorie freudienne, le fait de ressentir du désir est un signe de bonne santé psychique : c'est toujours dynamisant et ça rehausse l'image que nous avons de nous-mêmes !

Delphine nous avoue qu'elle se sent d'autant mieux avec son mari depuis qu'elle a cet amant virtuel. Malgré tout, elle se dit qu'il est peut-être temps de réfléchir à la manière de renouveler, de relancer sa vie conjugale avec Romain et de réinventer son couple… Vaste projet !

Il est vrai qu'il n'est pas facile de garder l'impulsion première du début de la rencontre, le désir pour l'autre, quand on a quatre-vingts ans à nous deux et que l'homme qui est dans notre lit n'a plus vingt ans depuis longtemps…

Au bout d'un moment, c'est la tendresse qui s'installe. Et on se surprend à penser que « la tendresse, c'est quelquefois ne plus s'aimer, mais être heureux de se trouver à nouveau deux» (Daniel Guichard)... alors qu'on préférerait fredonner *Pour le plaisir* d'Herbert Léonard !

La maman *et* la putain

Le bilan est difficile à dresser, mais tout doucement, notre couple a fait glisser sa libido du terrain sexuel au terrain parental. C'est comme si la parentalité avait tué notre sexualité. On a investi le fait d'être de bons parents au mépris de la sexualité qui est pourtant le sel du couple.

De femme nous sommes devenues mère aux yeux de notre conjoint. Il redevient alors un petit garçon qu'il faut consoler (devenir la mère, la consolatrice de son conjoint, on a déjà vu plus sexy, non ?) et parfois nous nous sommes même transformées à ses yeux en vase sacré : il y a des choses qu'on ne fait pas à la mère de ses enfants – ni à la sienne d'ailleurs !

Mais comment faire alors pour que notre homme comprenne que nous voulons tout à la fois être la maman *et* la putain, l'épouse *et* la maîtresse de son conjoint ?

Certains hommes ne peuvent admettre cette duplicité : la compagne est une représentation de la mère, elle ne peut pas être une femme débridée comme leurs maîtresses (pfff…). Alors qu'un homme continue toute sa vie à chercher sa mère dans sa conjointe, la femme, elle, ne voit pas son papa dans son partenaire…

Bref, en tant que parents, il est nécessaire de réussir à trouver des moments et des espaces où la parentalité n'interfère pas dans le couple. Rester dans la sensualité et se ménager du temps en dehors des enfants est une priorité.

Nous ne sommes pas que des parents, ne l'oublions pas !

Un sacré remue-ménage

« On a vu souvent rejaillir le feu
d'un ancien volcan qu'on croyait
trop vieux. »

JACQUES BREL

Si l'homme, généralement, s'accommode de cette situation (« c'est quoi le problème, on est bien non ? »), nous, on serait plutôt du genre à mettre de l'huile sur le feu.

La quarantenaire a besoin d'avoir en face d'elle quelqu'un qui est présent et solide, qui la regarde, qui dialogue, participe et s'investit. Un besoin de puissance et de présence qui n'exclut pas la douceur.

Et c'est là qu'on les perd (nos hommes !). Pour eux, cette demande est compliquée, voire désarçonnant. Elle n'est pourtant pas irrecevable.

Ce que la plupart d'entre eux n'ont pas vu venir, c'est que nous sommes en train d'inventer un nouveau modèle de couple. Celui de nos parents que nous avons eu sous les yeux, qui acceptaient de s'ennuyer ensemble, ça ne nous fait pas franchement fantasmer.

Nous voulons nous réaliser, être épanouies socialement, sexuellement, philosophiquement et spirituellement, rien que ça !

Cette demande très forte de la femme de quarante ans n'est pas toujours comprise ni accompagnée par son homme. Or inventer un nouveau modèle de couple, c'est bien, indispensable même quand on a ensemble quelques années au compteur. Mais encore faut-il être deux pour le faire et en parler !

Alain Héril, psychanalyste et sexothérapeute, nous éclaire : « Le couple n'est pas un lieu de confortabilité mais de réflexion. Toutes ces demandes font avancer le couple et évoluer le désir. Quand l'envie de rester ensemble est là et qu'il y a un fond relationnel fort, il ne faut pas chercher à vivre comme si l'on se découvrait, alors que l'on est ensemble depuis dix ou quinze ans. En revanche, il est possible de changer son point de vue sur la relation pour qu'elle puisse entrer dans une autre étape, un autre fonctionnement. Ne pas courir après des images qui ne sont plus de saison, mais les remplacer par d'autres qui peuvent être tout aussi fortes. Le feu peut se retrouver, mais il n'aura pas la même teneur qu'au début. »

À quarante ans, il y a urgence à comprendre que même si on a défusionné depuis longtemps avec l'autre, même si on a l'impression de ne plus être sur la même longueur d'ondes, même si l'autre nous apparaît comme insatisfaisant, cela peut être une chance de repartir de plus belle.

C'est reparti pour un tour

« Les couples meurent de n'avoir plus rien à se dire. »

MICHEL TOURNIER

Rien n'est jamais acquis

Dans un couple, il faut prendre conscience que l'autre peut partir… vraiment.

Le seul amour inconditionnel est celui que l'on porte à nos enfants, jamais celui qui nous lie à notre conjoint, et cela, ne l'oublions jamais.

Le problème, c'est que, pour les hommes, le couple est acquis, car à la base, et depuis toujours, c'est là que se trouve le repos du guerrier.

Dans l'inconscient collectif masculin, quand on a une femme depuis dix ou quinze ans, on n'a plus besoin de la conquérir, plus besoin de redéclarer sa flamme et son amour. Elle est là, ne va pas bouger, tout va bien, rien ne va changer. S'ils savaient…

Désormais, nous avons la sensation que notre homme rentre auprès de « la gardienne du foyer », une vieille notion ancestrale, mais qui perdure et ne convient pas à la femme moderne que nous sommes. Il ne manquerait plus qu'il nous appelle « maman » !

À quarante ans, on s'assume, on a une vie professionnelle accomplie, et on peut subvenir à nos besoins. Cette indépendance nous permet, à tout moment, de décider réellement de se séparer et de mettre fin à ce jeu de rôle.

Le couple d'aujourd'hui doit être un savant équilibre entre l'aventure et la sécurité : « Il faut construire une aventure sécurisante ou une sécurité aventureuse », nous dit Isabelle Tilmant. « Mixer sécurité et insécurité », selon Alain Héril.

C'est une demande très paradoxale qui représente parfaitement la femme de quarante ans. Elle dit à la fois « Sécurise-moi » et « Propose-moi l'aventure ».

Et nos hommes sont, là encore, un peu perdus… et pour cause.

Bien sûr, la sécurité dans le couple est nécessaire, autrement on ne peut pas construire de lien. Mais il faut aussi suffisamment d'insécurité sous peine d'ennui. Bref, être attentif, mais insaisissable en même temps, telle serait la recette idéale !

Alors, vous me direz : quand on habite ensemble et qu'on a des enfants à la maison, il est difficile de faire le coup de « Chéri, ce soir, je ne dors pas là ! » La belle mystérieuse, ce n'est pas évident à mettre en place quand on joue à domicile.

Et pourtant, c'est bien ce poids du quotidien qui entraîne une banalisation de la relation et qui fait que l'autre n'a plus de secret pour nous.

À nous de trouver les astuces qui feront renaître la flamme, comme le dit si bien Maxime Le Forestier dans *Restons Amants* :
« Restons amants des impatiences
Des minutes qui sont comptées
Des trésors de ruses et de science
Pour se retrouver… »

Chéri, faut qu'on parle

Pour rester amoureux, il faudrait prendre le temps de voir ce qui nous rend chacun heureux. Faire le point sur ses envies, parler, s'intéresser à l'autre.

Ça peut sembler naïf, et pourtant… Faites cet exercice soufflé par Isabelle Tilmant : le matin, en vous réveillant à ses côtés, demandez simplement à votre conjoint (que vous connaissez depuis de très longues années) s'il va bien. « Comment vas-tu aujourd'hui, mon amour ? » C'est fou, mais ça marche. À condition que cela soit une vraie question. Et on recommence tous les jours, jusqu'à ce que ce soit naturel, par pitié !

Sur le papier, cela semble évident, mais, dans la réalité, on ne le fait que très rarement. Tout comme demander à son partenaire s'il a passé une bonne journée en rentrant du travail, avant de l'assaillir de questions du type : « T'as pensé à rappeler le syndic ? » Souvent, les soucis du quotidien prennent le pas sur l'empathie la plus élémentaire. Et si, pour retrouver la flamme, il suffisait de redevenir curieux de l'autre ? Retrouver cette attention à l'autre qu'on a souvent oubliée.

Se parler de son couple sans virer au règlement de comptes ou tomber dans les critiques au sujet des enfants, du linge qui traîne et du réfrigérateur vide.

Se parler et s'écouter aussi, sans quoi on prend le risque de laisser les reproches, les tensions ou l'ennui s'installer. Et il faut intervenir très vite en cas de désaccords ou de quiproquos !

Finalement, si une seule question devait se poser dans votre couple, ce serait la suivante : est-ce que ce sont toujours les mêmes choses qui nous rendent heureux à deux ? Faites le test .

Continuons à rêver

« Pendant douze ans on a fait chambre commune, mais rêve à part. »

MICHEL AUDIARD

Faites des projets à deux ! Plus les liens avec le partenaire sont nombreux, plus le couple a de chances de durer.

À quarante ans, le premier projet de couple, généralement celui de l'arrivée d'un enfant, a été accompli… et c'est cela la difficulté. Une forme de routine peut s'instaurer quand le projet a déjà été réalisé.

Sophie, quarante ans, des jumeaux de sept ans : *Nous nous connaissons depuis dix ans avec Nicolas. Au début de notre histoire, avant ma grossesse, on en a bien profité, on a voyagé un peu partout dans le monde. Puis avec l'arrivée de Jules et de Camille, on est devenus plus sédentaires, mais on était galvanisés par notre rôle de nouveaux parents… et très occupés surtout ! Aujourd'hui, les enfants ont grandi, nous n'en voulons pas d'autres. Notre vie est réglée comme du papier à musique et n'a plus grand-chose à voir avec celle de nos premières années. Je me sens un peu à bout de souffle dans mon couple, car je me dis que j'ai déjà concrétisé pas mal de choses avec Nicolas, et je ne vois pas bien quelle pourrait être la suite.*

Alors, une nouvelle maison ? Un voyage ? Un autre enfant ? Un mariage ?

Parfois, en cas d'électrocardiogramme plat, un nouveau projet de couple peut faire office d'électrochoc. L'idée est de créer un nouveau printemps dans son couple, ce « nouveau renouveau » dont parle si bien Isabelle Tilmant.

Mais attention de ne pas non plus demander au couple ce qu'il est dans l'incapacité d'apporter : sa réalisation personnelle, ce n'est pas le couple qui s'en charge, même s'il faut se soutenir l'un l'autre. Il faut d'abord savoir se renouveler soi-même. C'est le moment d'enrichir sa relation à l'autre avec ce qu'on vit en dehors. Et c'est en étant surpris par soi-même que l'on va surprendre l'autre.

Alain Héril le dit : « Un couple qui va bien est toujours ouvert sur l'extérieur, avec un tissu relationnel étendu, des amis. Comme dans une maison, il faut que les portes soient ouvertes, que tout respire, circule. Bien souvent, dans ces couples-là, chacun a une certaine réalisation personnelle. Ensemble, ils construisent autre chose. »

Mais, parfois, on est tellement « ouverte » sur l'extérieur, qu'on fait le constat que ce qu'on vit en dehors est devenu plus essentiel à notre bien-être que l'intimité que l'on trouvait jusqu'alors auprès de notre amoureux.

Mais pourquoi je resterais alors que je ne suis plus heureuse ?

Un seul homme pour toute la vie… Un modèle difficile à tenir aujourd'hui.

Quitter l'homme de son ex-vie

« Libre, c'est le mot que l'on emploie pour désigner les hommes en instance de séparation.
Des femmes en rupture de mariage ou de liaison, on dit qu'elles sont seules. »

FRANÇOISE GIROUD

À quarante ans, après cinq, douze ou vingt années passées ensemble, ce n'est pas évident de se séparer. Et plus les années de vie commune se sont accumulées, plus cette entité couple est difficile à briser. On a évolué ensemble, grandi avec l'autre, on s'est épaulés, on s'est construits.

Le ou les enfants que nous avons eus ensemble compliquent évidemment la prise de décision d'un divorce. Envisager une séparation en milieu de vie, c'est accepter qu'énormément de choses volent en éclats : projet de vie, de famille, amitiés communes… Cela demande beaucoup de courage pour changer les choses à cette période de sa vie. Beaucoup.

Courage, fuyons

On prend parfois conscience qu'on ne s'est pas mariée (pacsée ou tout simplement engagée dans une vie à deux) pour les bonnes raisons. À l'époque, plus de dix ans auparavant, ne se serait-on pas un peu mise en couple pour quitter la maison, pour faire plaisir à papa/maman ou encore se conformer à un code social ?

Ou peut-être n'est-on tout simplement plus avec la bonne personne, car on a évolué chacun différemment.

Joséphine, quarante-deux ans, trois enfants, en instance de séparation : *J'ai connu Thomas pendant mes études au lycée. Nous avons grandi ensemble. J'étais à ses côtés pour le rattrapage de son bac, il était à la communion de mon petit frère. J'ai l'impression de vivre avec un « cousin » avec lequel je ne partagerais finalement que des souvenirs. Si je rencontrais Thomas maintenant, je ne suis pas sûre qu'il me plairait.*

À quarante ans, « il y a parfois l'urgence d'effacer une première liaison douloureuse, et de ne pas laisser passer sa chance de faire une nouvelle vie », nous dit Ghislaine Szpeker-Benat.

« Se séparer, c'est accepter qu'on n'appartient pas à l'autre et que l'autre ne nous appartient pas. Accepter que ce ne sont plus les mêmes choses qui nous rendent heureux permet d'envisager la séparation avec plus de sérénité », remarque Isabelle Tilmant.

Transformer reproches, tristesse et colère, des sentiments bien légitimes, telle est la clé pour sortir grandie de cette épreuve.

En y réfléchissant bien, certaines choses ne vous convenaient plus. Il est temps d'être heureuse. Heureuse pour soi. Heureuse toute seule.

Et si vous ne vous y sentiez plus si bien dans ce couple ? Et si vous aviez fermé les yeux et laissé votre conjoint prendre cette décision qui vous effrayait tant, au fond ? Et si, derrière cette épreuve, la vie vous offrait une deuxième chance ?

Une seconde chance

Après une séparation, la question que se pose la femme de quarante ans est de savoir comment trouver les moyens de refaire sa vie, tandis que ce qui angoisse l'homme de son côté, c'est une simple question d'organisation.

Sur un plan pratique, nous souffrons plus de la séparation que les hommes. Les chiffres parlent d'eux-mêmes : le divorce appauvrit surtout les femmes. Nous sommes deux fois plus nombreuses à subir une chute notable de notre niveau de vie après une séparation. Car nous avons parfois mis de côté notre carrière au profit des enfants à élever et puis aussi parce que certains ex-conjoints ne paient pas toujours leur pension alimentaire.

Même le fisc le dit : le niveau de vie des femmes baisse en moyenne de 20 % après une séparation contre seulement 3 % pour les hommes. Et que penser des 35 % d'entre eux qui se sont même enrichis après un divorce ?

Une seconde chance ? Surtout pour les hommes, en réalité. Les statistiques, là encore, sont cruellement parlantes : les papas divorcés, qu'ils aient la garde ou non de leurs enfants, se remettent en couple bien plus vite que nous : soit parce qu'ils ont plus de temps libre pour trouver une nouvelle âme sœur, soit parce qu'ils ont besoin d'une aide à domicile.

Éva, quarante-trois ans, séparée, deux enfants de deux ans et trois ans et demi : *J'ai décidé de quitter David, une décision d'autant plus difficile à prendre que nous avons deux enfants en bas âge. Je gagne correctement ma vie, heureusement, et j'ai pu prendre un appartement et subvenir à mes besoins, ce qui n'est pas le cas de plusieurs de mes amies qui restent en couple faute de moyens. Mes enfants sont encore petits, c'est pour cela que j'en ai la garde pour le moment. C'est super de les avoir à mes côtés, bien sûr, et pour eux c'est indispensable. Mais je m'aperçois qu'il m'est quasiment impossible de refaire ma vie pour l'instant. Contrairement à David, qui lui, a plein de temps libre et ne joue plus son rôle de père qu'un week-end sur deux et la moitié des vacances scolaires.*

Quand on a la garde des enfants, pas facile d'aller « guincher » pour trouver le nouvel homme de sa vie.

Rien ne nous arrête

On sait qu'il est difficile de se séparer, mais cela ne nous arrête pas, mais alors pas du tout ! Nous préférons être seules et heureuses quitte à galérer au départ, que mal accompagnées et malheureuses. Les femmes sont quand même sacrément courageuses et déterminées.

C'est une réalité, de plus en plus de femmes demandent le divorce : dans près de 70 % des cas, ce sont elles qui en prennent l'initiative. Monsieur, lui, n'a souvent rien vu venir, installé confortablement dans une forme de routine et satisfait d'une relation sage et ordinaire.

Quand on lui a fait les yeux doux pour le séduire il y a vingt ans, il n'avait rien remarqué, rien compris... Eh bien là, c'est pareil : ça fait dix fois qu'on tire la sonnette d'alarme et qu'on lui montre qu'on n'est plus heureux ensemble, mais il reste aveugle et sourd à nos avertissements répétés.

Eh oui, les hommes sont souvent sidérés au moment de la séparation. Quand leur femme « revendique » des choses, ils ne comprennent pas. Comme s'ils étaient restés bloqués au XIXe siècle, une époque où, précise Alain Héril, « un homme avait trois femmes : son épouse (sa bourgeoise, une reproduction de sa mère), sa maîtresse, qu'il entretenait, et la prostituée qui lui servait de thérapeute et à qui il pouvait parler de sa femme et de sa maîtresse ».

On observe même une recrudescence du « divorce tardif », qui sonne le glas de ces couples qui ont trente ans de vie commune et qui se séparent.

Il y a encore un siècle, passer quinze-vingt ans avec la même personne, c'était passer toute sa vie avec cette personne. Mais aujourd'hui, après tant d'années de vie commune, une autre vie est possible, surtout quand on n'a que quarante ans.

On est encore jeune et il nous reste peut-être un créneau pour rencontrer le prince charmant qui nous (re)fera des enfants… Ah cette fameuse horloge biologique !

Quitter son conjoint à quarante ans, c'est se laisser la possibilité de construire un nouveau foyer.

Splendeurs et misères du divorce

« Le mariage est la cause principale de divorce. »

OSCAR WILDE

Nous y voilà, c'est le premier jour du reste de notre vie !

Avant toute chose, sachez que vous n'êtes pas seule puisqu'en France, un mariage sur trois se termine par un divorce (un sur deux dans les grandes villes) et que le nombre de ruptures des couples concubins est encore plus élevé.

Il n'en demeure pas moins qu'au-delà des chiffres et d'une procédure devenue banale aux yeux de la société, cela reste une épreuve traumatisante.

Y a-t-il une vie après le divorce ?

« L'important dans le divorce,
c'est ce qui le suit. »

HERVÉ BAZIN

Évidemment qu'il y a une vie après le divorce, autrement, vous imaginez bien qu'il n'y en aurait pas autant. Mais pour réussir l'après, encore faut-il comprendre ce qui s'est passé pour en arriver là.

Il est absolument nécessaire de faire la paix avec son ex, en tout cas suffisamment pour pouvoir échanger au sujet des enfants. Ce n'est pas simple, c'est vrai, mais vous augmenterez ainsi les chances de réussir vos prochaines histoires d'amour.

Les réseaux de relations sont déterminants également, afin de reprendre confiance en soi et de ne pas se retrouver isolée.

C'est le moment ou jamais de remettre au goût du jour le sacro-saint dîner entre copines. Quand on a besoin de se plaindre, rien de mieux qu'une bande d'hystériques, totalement acquises à votre cause et qui feront, s'il le faut, pour vous aider, preuve d'une mauvaise foi bienveillante à votre égard.

Stéphanie, une jolie brune de quarante-six ans, l'a bien compris : *Lorsque mon mari est parti avec une jeunette de vingt-sept ans, après vingt et un ans de mariage, il m'a laissée avec mes deux ados de seize et treize ans. Après plusieurs mois d'abattement, je me suis ressaisie, j'ai repris des cours de danse, et, très vite, je me suis recréé un cercle de copines. Je suis très fière de ma nouvelle indépendance et je ne troquerais pour rien au monde mon célibat (pour l'instant, en tout cas !).*

Pour ces femmes, il n'y a ni regrets, ni remords, bien au contraire, juste « un mauvais moment à passer », car c'est un sacré changement de vie qui demande du cran.

Jeanne, quarante-quatre ans, maman de Joseph, dix ans, et d'Élisa, treize ans : *J'ai divorcé à quarante ans et mon monde s'est effondré. Même si je n'aimais plus mon mari depuis longtemps, je m'étais juré de ne jamais me séparer à part si mon compagnon levait la main sur moi ou sur mes enfants. Quand je voyais des femmes seules avec leurs enfants au parc, je me disais : « Les pauvres, plutôt crever que d'être à leur place. » J'ai bien été obligée de faire valser tous mes principes. Ces mères sont devenues mes nouvelles amies avec lesquelles nous rigolons même de nos anciennes mésaventures. J'ai pris conscience qu'on pouvait aussi quitter l'autre juste parce qu'on n'était plus heureuse.*

Halte à la culpabilité !

« Quand la séparation est un échec ou une transgression par rapport au schéma familial, on peut éprouver une grande culpabilité à ce moment-là de sa vie », remarque Ghislaine Szpeker-Benat. Car une séparation à quarante ans, ce n'est pas seulement la fin d'un couple et la perte d'un conjoint. C'est celle d'une famille et d'un idéal familial, aussi.

Julie, quarante ans : *La chose la plus difficile que j'ai eu à faire dans ma vie, ce n'est pas d'avoir dit à mon mari que je le quittais, car je n'étais plus amoureuse de lui. Non, c'est le jour où nous avons dû annoncer à notre fille de sept ans que papa et maman se séparaient. J'ai vu dans ses yeux que son monde s'écroulait. Le lendemain de l'annonce, dès son réveil, ma fille m'a demandé si c'était un cauchemar ou si c'était pour de vrai le « séparément ».*

Car oui, on ne va pas se mentir, même si certains disent que la garde alternée offre la possibilité d'une nouvelle vie de célibataire une semaine sur deux, vos enfants, eux, ne le vivent pas comme cela, mais alors pas du tout.

Pourtant, aller au bout de son choix, être en adéquation avec son profond désir de changement de vie, ce n'est pas qu'un acte égoïste : aller mieux, ça profite à tout le monde. Aux amis qui se félicitent de vous voir à nouveau heureuse et à vos enfants qui y trouveront finalement des bénéfices secondaires (deux chambres remplies de jouets, des parents plus disponibles pour eux, oui, mais surtout la fin d'une tension quotidienne qui les soulage).

Mieux vaut une séparation bien assumée qu'un couple qui se déchire pendant des mois ou des années sans prendre la décision de se quitter. Et les deux partenaires ne doivent pas perdre de vue que si tout cela sonne le glas du couple conjugal, ce n'est, en aucun cas la fin du couple parental.

Rebecca, quarante-deux ans, très émue encore : *J'ai divorcé, il y a deux ans. Mariée depuis neuf ans, j'avais une famille merveilleuse : deux enfants super, un mari un peu autoritaire, mais fidèle et honnête. À trente-huit ans, j'ai rencontré quelqu'un sur mon lieu de travail qui m'a littéralement fait tourner la tête. J'avais l'impression d'être redevenue une jeune fille et de vivre une passion extraordinaire. Malgré ce que j'avais construit avec mon mari, j'ai décidé de le quitter et de demander le divorce. Sa douleur et celle de mes enfants ne m'ont même pas fait changer d'avis. C'est terrible de se réveiller tous les matins en se disant : « Mon Dieu ! Qu'est-ce que j'ai fait ! », et puis ça passe petit à petit... Aujourd'hui, mes enfants ont fini de croire que je retournerai un jour avec leur père. Il faut dire qu'ils sont nombreux dans leurs classes à être dans la même situation.*

La mise en quarantaine

Parfois, la séparation est associée à une sensation de « mise en quarantaine », par rapport aux autres couples qui, eux, « ont réussi », là où nous avons échoué lamentablement.

Le divorce, c'est comme si c'était contagieux. On préfère ne plus vous inviter plutôt que de prendre le risque que vous puissiez donner des idées à ceux pour qui : « Tout va très bien, merci ! »

Claire, quarante ans : *Quand Raphaël et moi nous sommes séparés, ma vie sociale en a pris un coup. Alors que jusqu'à présent, tous mes samedis soir étaient occupés par des dîners chez des couples d'amis, bizarrement, on ne m'invitait plus. C'est comme si je ne faisais plus partie de la bande. Du jour au lendemain, j'ai eu la sensation d'être une bête noire, un paria. On m'avait dit que le divorce, ça isolait. Eh bien, c'est vrai. Les gens ne peuvent pas s'empêcher de prendre parti pour l'un ou pour l'autre... Du coup, j'ai dû me recréer un nouveau cercle d'amis qui ne connaissaient pas Raphaël.*

Bref, vous êtes seule peut-être, mais bien accompagnée puisque vous l'êtes de vous-même. Et puis, seule, rassurez-vous, vous ne le resterez pas forcément très longtemps.

La famille décomposée

*« Si les époux ne vivaient pas ensemble,
les ménages seraient plus fréquents. »*

FRIEDRICH NIETZSCHE

L'avantage de se rencontrer à quarante ans, c'est qu'on perçoit plus vite si ça va le faire ou pas : c'est le gain de l'expérience. On voit plus facilement qui est l'autre derrière l'état amoureux.

On a moins peur de la rupture – elles arrivent plus vite à cet âge-là –, car on ne se fait plus d'illusions ni sur nous-mêmes ni sur l'autre. Et surtout, on ne transige plus sur l'essentiel, car on n'a plus de temps à perdre !

Du coup, si on s'engage dans une nouvelle relation, a fortiori quand on a des enfants à présenter à l'être aimé, c'est qu'on est sûre de soi et qu'on pense qu'elle peut s'inscrire dans la durée.

Se présentera alors à un moment donné, plus ou moins rapidement, un choix crucial : recomposer, ou non, sa vie avec son nouveau conjoint.

La famille recomposée, la nouvelle famille Ricoré ?

Un enfant sur dix vit au sein d'une famille recomposée. C'est énorme et ça s'explique.

Certains nouveaux couples de quadras font le choix de vivre ensemble, car ils ont le projet d'une famille commune en faisant un dernier bébé « à eux » pour sceller cette union.

D'autres, même sans projet d'enfant ensemble, décident d'habiter avec les enfants de chacun, dans la joie et la bonne humeur, par amour bien sûr, mais aussi, il faut bien le reconnaître, par souci économique de partager les frais de la vie au quotidien.

Finalement, la famille recomposée, sur le papier, c'est un peu la nouvelle famille Ricoré. Les enfants de chacun s'entendent à merveille, on récupère ceux de l'autre qu'on va aimer comme les siens, et on met tout ce petit monde dans une plus grande maison qu'avant.

Pourtant, très souvent, à l'épreuve de la réalité et du quotidien, on s'aperçoit que cette famille recomposée que l'on nous vend tel un rêve moderne n'est qu'un mirage, ou pire, qu'elle peut carrément virer au cauchemar.

Combien de femmes, au bout du rouleau après quelques mois de cohabitation avec les enfants de l'autre, jettent finalement l'éponge...

Notre prince charmant n'est plus tout à fait charmant et peut devenir très vite agaçant quand on découvre qu'il a des règles d'éducation qui ne correspondent pas aux nôtres. Sans compter les enfants qui ne jouent pas forcément le jeu de la recomposition familiale, les ex en mode hystérique, etc.

Diane, quarante-deux ans, séparée, deux fils de quinze et treize ans : *Quand j'ai rencontré Édouard, j'étais aux anges, tellement amoureuse et fière qu'il soit déjà papa. Mieux, cela m'arrangeait car j'avais moi-même deux garçons de mon premier mariage. Avant qu'on n'emménage tous ensemble, moi et mes deux fils et lui et ses deux filles, j'imaginais de grandes tablées de paëlla géante, une belle maison, et pourquoi pas un petit dernier pour sceller notre grande famille. Quelle n'a pas été ma déconvenue quand j'ai compris, après quelques semaines seulement, que mes belles-filles étaient prises dans « un conflit de loyauté » envers leur mère. Quoi que je fasse, elles me haïssaient et refusaient ostensiblement de m'adresser la parole. Mon compagnon prenait systématiquement leur parti quand je m'ouvrais à lui de nos difficultés à vivre ensemble. J'ai finalement claqué la porte au bout de deux ans, soulagée de ne plus avoir ces « pestes » sous les yeux en permanence et de pouvoir enfin retrouver mes fils. La famille recomposée, merci, mais ce n'est pas pour moi !*

C'est vrai : il faut être solide pour affronter tout cela, entendre des « t'es pas ma mère ! » à longueur de temps et supporter l'odeur de pieds d'un pré-adolescent qui n'est pas le vôtre.

Et c'est peut-être encore plus difficile quand on n'est pas encore mère soi-même car on expérimente alors aussi, pour la première fois, et de façon un peu brutale, le manque d'intimité avec son chéri.

Chéri, je t'aime… mais c'est chacun chez soi !

L'avantage de refaire sa vie à quarante ans alors qu'on a déjà eu des enfants ? On n'en veut pas forcément d'autres. C'est la porte ouverte à toutes les libertés. Y compris celle de faire le choix de ne pas habiter sous le même toit.

Et si la solution, pour ne pas reproduire les erreurs de notre vie d'avant, était justement de ne pas vivre tous ensemble, de ne pas faire le jeu de cette « famille recomposée » dont on vante tant les mérites depuis un certain nombre d'années ?

Habiter seule après une séparation est un luxe, à tous les niveaux : personne pour vous expliquer au quotidien comment faire avec votre enfant, l'amour sans la routine, une indépendance farouchement protégée. Finalement, c'est n'être jamais dans l'acquis, comme nous le préconisent les thérapeutes de couple.

Un luxe qui concerne les femmes issues des catégories les plus aisées, car bien sûr cela a un coût certain d'avoir deux logements distincts. Ces femmes gardent leurs amants – et la progéniture de ceux-ci – à bonne distance, et ont la sensation de protéger à la fois leur couple, leur liberté et leurs propres enfants à qui elles n'imposent pas un beau-père au quotidien…

Guillemette, quarante-six ans, divorcée : *J'ai rencontré Jean-François après deux ans de célibat. J'ai deux filles quasi adultes qui sont en passe de quitter la maison pour voler de leurs propres ailes. Lui, de son côté, a encore ses deux ados chez lui et à mon avis pour un bon bout de temps encore ! Cela fait plusieurs mois qu'il insiste pour que je vende ma maison pour venir vivre avec eux. Mais, pour le moment, tant qu'il a ses enfants avec lui, c'est hors de question ! Je ne vais pas me taper ses enfants au quotidien alors que je m'apprête à ne plus avoir les miens à la maison ! Je lui ai dit qu'on reparlerait d'une installation commune après le départ de ses enfants. En plus, j'adore faire mes valises pour aller chez mon mec et repartir en catimini avant que ses enfants ne débarquent. L'absence de quotidien ajoute du piment à notre relation.*

Et si ces quarantenaires, véritables rebelles, étaient en train d'inventer un nouveau couple ?

L'âge des plaisirs

« Plus on baise,
plus on a envie de baiser. »

MICHEL TOURNIER

L'âge de la puissance sexuelle

Quarante ans, c'est l'âge auquel la femme prend conscience réellement de son potentiel sexuel, c'est d'ailleurs pour cela que davantage de femmes découvrent l'orgasme à quarante ans qu'à vingt-cinq ans.

Comme l'écrit Caroline Leroux : « Avant quarante ans, on est tous des bébés en termes de sexualité. »

Pourquoi ? Eh bien parce que la sexualité n'est généralement plus liée à un désir de parentalité, et par conséquent, elle devient plus simple et débridée.

Commence alors l'ère du sexe « gratuit » : faire l'amour simplement pour soi, pour se faire plaisir, et non plus pour procréer. La fonction érotique prend le pas sur la fonction reproductrice.

Pourtant, au départ, ça commençait plutôt mal : l'homme est prévu pour jouir en dix-sept secondes et la femme est anorgasmique ou pré-orgasmique dans le meilleur des cas.

« Avant quarante ans, beaucoup de femmes n'ont pas appris à lâcher prise totalement, nous dit Alain Héril. Cela ne veut pas dire qu'elles souffrent d'une pathologie, on parle alors de pré-orgasmie. »

La différence de sexualité entre l'homme et la femme est inscrite dans notre nature. Les femmes ont un orgasme qui s'apprend, en lien avec le système limbique qui est le centre des émotions, alors que l'homme a un orgasme mécanique qui dépend de son cerveau reptilien, lié à la reproduction. En somme, la femme a un rapport à la sexualité qui est plus émotionnel que les hommes.

Pourtant, la puissance sexuelle, c'est la femme qui la détient : elle seule possède un organe dédié à la jouissance, son clitoris.

Et le souci, c'est que quand un homme se trouve face à cette puissance sexuelle de la femme (à son apogée à quarante ans !), il a par moments l'impression de ne servir à rien.

Philippe Brenot, de l'Observatoire international du couple, rappelle qu'une femme ne demande pourtant pas à son partenaire d'être un technicien du sexe, mais d'être présent.

La femme rêve d'un homme doux et gentil, qui assume et reconnaît son côté féminin. Dans le même temps, elle veut aussi un homme plus animal, voire légèrement brutal. Et voilà nos hommes à nouveau perdus (on peut les comprendre). Cependant, ils vont devoir s'adapter.

Il y a une tigresse en chaque femme de quarante ans, et c'est bien que les hommes le sachent. Surtout si elle a passé de longues années à se dévouer corps et âme à ses enfants, son boulot et sa maison, elle peut avoir le désir de retrouver sa vie de femme. Et quelle femme !

À quarante ans, les femmes sont hypersollicitées et désirables surtout quand elles sont mères… c'est la fameuse MILF (*Mother I'd like to fuck*) qui rend fous les jeunes hommes, mais aussi les plus vieux.

Pierre, vingt-six ans, avoue sans complexe son attirance pour les quarantenaires qui, dit-il, « ont une sensualité débordante et un sex-appeal ravageur. Elles savent ce qu'elles veulent et n'ont pas peur d'aller le chercher ! »

Avouons aussi que c'est un âge où nous-mêmes, nous sommes très sensibles aux regards caressants qui se posent sur nous : inconnus ou connus (collègue, ami, voisin). C'est flatteur, cette façon que les hommes ont de nous regarder avec à la fois le respect de notre féminité et juste ce qu'il faut de lubricité...

Et cette quadra décomplexée, prête à se faire plaisir, n'est pas qu'une héroïne de la série américaine *Cougar Town* (qui cartonne !) ou une rubrique sur *YouPorn*... c'est une réalité ! Elle se sent encore jeune et belle, elle s'est débarrassée de tous ses complexes : la vie lui appartient.

Stop à la frustration !

À travers les histoires des couples qu'elle reçoit dans son cabinet, Caroline Leroux, a remarqué que le sujet épineux des poubelles que l'autre ne descend jamais cache souvent une frustration sexuelle. Et si le vrai problème était ailleurs ? Dans votre lit peut-être…

Avec le temps, l'homme peut se comporter maladroitement dans sa façon de faire l'amour et transformer ses caresses en « tripotage ». À force de vouloir aller à l'essentiel, il oublie qu'une simple épaule peut aussi redevenir une zone érogène. On n'est pas que seins, fesses et sexe ! Les préliminaires, c'est aussi pour les quarantenaires. Selon Alain Héril, « pour reglobaliser le corps de la femme, il va falloir mettre de la conscience dans la relation, aller explorer les autres parties du corps ». Vive les massages et les caresses « gratuites » !

Au lendemain de notre rencontre, la simple caresse de sa main sur la nôtre nous mettait dans tous nos états. Rien ne nous empêcherait, au fond, de se faire des petits bisous dans le cou devant les enfants ou de poser la tête sur l'épaule de l'autre sur le canapé…

On sait bien qu'on ne va pas revenir aux premières heures chaudes de notre rencontre. Mais, la solution n'est pas toujours à chercher dans le cabinet d'un sexologue (même si ça aide !), car elle est parfois à portée de main.

Le désir est étroitement lié à la gentillesse et aux attentions qu'on avait avant. Il est normal que ça s'estompe, mais il faut que ça revienne de temps en temps.

« La gentillesse est source de désir pour les femmes », nous dit Caroline Leroux. Se dire « Bonjour, comment vas-tu ? », prendre le temps de se faire un petit bisou, envoyer un SMS, rentrer avec un bouquet de fleurs ou penser à réserver un restaurant en amoureux et la baby-sitter qui va avec… ce n'est pas si compliqué et ça booste la libido.

Et, au bout de plusieurs attentions, le désir refait surface !

Mais parce que souvent on a un rapport dramatique à la sexualité (alors que c'est a priori joyeux et ludique), les frustrations s'accumulent, et cela devient très compliqué et très tendu d'en parler à l'autre.

Nous n'avons pas appris à communiquer sur les sujets liés au désir et à la sexualité.

Avec son partenaire de longue date, c'est vrai qu'il est difficile de dire : « Chéri, ça fait dix ans que tu te trompes de quelques centimètres » ou encore : « Tu sais j'ai été bien vilaine aujourd'hui, je mérite une petite fessée ! » On a peur de passer pour une dépravée en verbalisant ce qui nous fait grimper aux rideaux... Et pourtant il faut parler de nos envies avant qu'il ne soit trop tard !

Et puis, si on sait tous que la sexualité est essentielle à la longévité du couple, ce que l'on sait moins, c'est que faire l'amour a de vraies vertus thérapeutiques.

Les statistiques sur le sujet sont plus que précises : « À partir de douze éjaculations mensuelles, la prévention du cancer de la prostate devient significative », rapporte Frédéric Saldmann, cardiologue et nutritionniste.

Et, selon Sylvain Mimoun, gynécologue et sexothérapeute : « Une poitrine régulièrement caressée pendant les échanges sexuels est mieux protégée du cancer du sein. Faire l'amour booste la circulation générale et locale. Des relations sexuelles régulières abaissent les risques de phénomènes inflammatoires qui font le lit des cancers et des maladies cardiovasculaires. »

Le professeur David Weeks, de l'hôpital d'Édimbourg, conclut même, au terme d'une étude

portant sur trois mille cinq cents personnes de dix-huit à cent deux ans (!), que « trois rapports sexuels par semaine permettent d'allonger la durée de vie de dix ans ».

Alors, si vous ne le faites par pour le plaisir, faites-le au moins par hygiène !

Je jouis donc je suis

« La femme sexuelle est celle qui jouit surtout avec elle-même. » Ces propos de Caroline Leroux sont clairs : il ne faut pas attendre d'un homme qu'il nous donne un orgasme… jamais !

Il faut se prendre en main, charité bien ordonnée commençant par soi-même. « La thérapie pour l'anorgasmie est la masturbation », nous dit Caroline Leroux.

Est-ce à dire, chère Caroline, qu'on serait obligées de se masturber pour obtenir ses premiers orgasmes ? Ben… oui, en fait !

D'ailleurs, pour celles qui auraient tardé à pratiquer, sachez qu'il n'est jamais trop tard pour jouir. Et ce n'est pas cette patiente de soixante-seize ans, qui se présenta dans le cabinet de Caroline, vierge de jouissance, qui dira le contraire...

L'idée, c'est de ne pas demander à l'autre ce qu'on n'arrive pas à se donner à soi-même. Il est important de savoir ce qui nous fait plaisir.

Quand vous en avez un, vous vous rendez compte que vous n'en aviez jamais eu auparavant !

Delphine nous parle d'orgasme, bien sûr. Son premier, elle l'a eu à quarante ans, alors qu'elle était déjà mère de deux enfants et mariée depuis l'âge de dix-huit ans : *J'aimais faire l'amour avec mon ex-mari, mais sans le savoir, je n'avais pas réellement de plaisir. En fait, je ne savais pas que ça pouvait être beaucoup mieux, n'ayant moi-même jamais tenté de me donner du plaisir seule.*

C'est à l'occasion de sa rencontre avec son second mari que Delphine découvre enfin le Graal. Cet homme, plus à l'écoute que le premier, lui propose d'aller elle-même à la découverte de son plaisir : *Le premier conseil qu'il m'a donné, c'est d'apprendre à connaître mon corps, toute seule. Et cela n'a pas tardé. À quarante ans, avec un sex-toy, j'ai eu mon premier orgasme. Aujourd'hui, quand une copine me dit : « Je crois que j'ai joui », je souris en me disant qu'elle n'y est pas encore…*

Évidemment, un sex-toy n'a jamais remplacé un amant, car c'est aussi la sensualité que nous recherchons. Mais une fois que l'on sait faire toute seule, on peut montrer ce que l'on désire et guider son partenaire vers la voie d'un plaisir partagé. Les sexologues s'accordent à dire que les « bons amants » commentent leurs ébats, parlent de leurs fantasmes (sans pour autant les réaliser) et sont créatifs.

À trente ans, on a du plaisir, mais pas forcément d'orgasme, on n'a pas le temps ! Mais à quarante ans, notre plaisir devient une priorité.

Rester fidèle... à soi-même

« Faire l'amour en cachette, c'est comme voler des bonbons à l'épicerie, c'est délicieux. Ce goût exquis, dans l'arrière-bouche, d'une chose pas bien. Pardonnez-moi mon père, pardonnez-moi ma mère, pardonnez-moi parce que j'ai péché et que je compte bien pécher encore et encore. »

CHRISTIAN BOBIN

Une vie extraconjugale à défaut d'une vie conjugale extra

À quarante ans, après des années de vie de couple, quand une femme découvre son potentiel sexuel face à un compagnon qui est régulièrement « trop fatigué » ou qui lui explique que « le missionnaire, c'est la nouvelle levrette », il y a de grands risques pour qu'elle cherche ailleurs ce qu'elle ne trouve plus à la maison.

Isabelle Tilmant affirme une vérité qu'il est bon de répéter : « Quand on a une vie conjugale extra, on n'a pas besoin d'avoir une vie extraconjugale… » Comme une adolescente, la quadra insatisfaite se met à transgresser les règles, à mentir, à chercher ses limites et vivre de nouvelles expériences.

Est-ce à dire que le cap de la quarantaine serait une deuxième crise d'adolescence, les boutons en moins ?

Laureen, quarante-deux ans : *Alors que j'étais en couple depuis seize ans, je me suis laissée séduire par un homme qui avait eu un coup de foudre pour moi… Il m'offrait tout ce que je ne trouvais plus dans mon couple : regards passionnés, jeux sexuels. Je me suis sentie à nouveau belle et désirable. Il était transi d'amour pour moi, alors que j'étais devenue invisible aux yeux de mon conjoint.*

Et si c'était aussi une façon de ne pas vieillir ? Ce besoin irrésistible de retrouver le goût de « la première fois » ? Le premier baiser, les premières caresses. Frissons, plaisir et adrénaline, à tout âge…

Les femmes ont un réel besoin de vérifier qu'elles sont encore désirables, surtout à la quarantaine. Alors, si elles ont en face d'elles un partenaire qui ne leur renvoie plus une image positive d'elles-mêmes, qui ne prend plus soin de les complimenter, de les surprendre, elles iront chercher tout cela ailleurs, quitte à faire voler en éclats une des valeurs essentielles de leurs couples : la fidélité.

« Dans un couple qui dure, nous dit Alain Héril, il y a toujours une histoire d'infidélité... même s'il n'y a pas forcément de passage à l'acte. »

Sans aller jusqu'à faire l'amour avec lui, beaucoup de femmes se sont déjà livrées à des jeux de séduction avec un autre homme que le leur.

Il suffira parfois du compliment d'un collègue de travail, ou d'un baiser sur le coin des lèvres échangé par « surprise » et sans préméditation, pour réveiller leur libido et les ramener dans le « droit chemin ». Sans compter celles qui fantasment sur leur dentiste pour se donner du cœur à l'ouvrage avec leur compagnon.

C'est quoi au juste être infidèle ?

C'est se laisser gentiment séduire ?

C'est quand on commence à penser un peu trop à son voisin d'*open-space* ?

C'est quand on reçoit des sextos de ce même collègue ?

C'est quand on y répond ?

C'est quand on l'embrasse après une soirée de boulot ?

C'est quand on couche avec lui lors d'un séminaire d'entreprise à Punta Cana ?

C'est quand on (re)couche avec lui une fois rentrée à Paris ?

« Une infidélité, ce n'est rien du tout,
ce n'est qu'un petit oubli,
rien de plus ! »

CHARLES FOURIER

Des vertus de l'infidélité

L'infidélité, après pas mal d'années passées ensemble, peut faire office de tremplin.

Même s'ils n'encouragent pas l'adultère, nombre de sexologues s'accordent à dire que la plupart des infidélités sont sans importance et qu'elles peuvent même « sauver » le couple et apporter un nouvel équilibre.

Valérie, trente-sept ans : *Un jour, une amie, déçue dans son couple, m'a vanté les vertus de sa vie sexuelle hors mariage qui avait donné un second souffle à sa relation. J'avoue que, par curiosité, j'ai fait la même chose de mon côté. Et je peux vous dire que ça marche : je n'ai jamais été aussi amoureuse et désirante avec mon mari qui, loin de se poser des questions, est enchanté par ma nouvelle lingerie.*

Pour d'autres, ce qui aurait dû être un tremplin se transforme en toboggan : au lieu de rapprocher le couple, l'infidélité le sépare à tout jamais.

« Lorsqu'elle ne se sent plus suffisamment aimée, la femme aura d'autant plus la force de quitter son mari qu'elle aura trouvé, avec son amant, la qualité de relation qu'elle recherche. Même si elle ne poursuit pas pour autant sa route avec lui, celui-ci lui aura permis de rompre avec sa vie actuelle. Sa relation extraconjugale aura alors servi de détonateur intérieur : à travers le fait qu'elle ait eu cette aventure, elle aura pris conscience que, pour elle, son couple est bel et bien terminé. Dans ce cas, sa décision sera souvent irrévocable », écrit Isabelle Tilmant, dans *L'infidélité au féminin* (Éditions Anne Carrière, 2013).

Cette entorse au contrat peut simplement être un moyen de reprendre confiance en soi et de se revaloriser narcissiquement en tant que femme.

Cette notion de fidélité est toute relative, car certains infidèles diront que c'est en prenant des chemins détournés qu'ils sont restés fidèles à eux-mêmes, à leur conviction et à leur épanouissement personnel. Nul jugement n'est permis, c'est une histoire entre soi et soi.

Tous égaux face à l'infidélité ?

« La différence de l'infidélité dans les deux sexes est si réelle, qu'une femme passionnée peut pardonner une infidélité, ce qui est impossible à un homme. »

STENDHAL

Alors qu'on pensait l'adultère « réservé » aux hommes, les femmes avouent de plus en plus des aventures clandestines. Amoureuses ou pas de leurs conquêtes, elles se font plaisir, avec plus ou moins de culpabilité. D'une aventure à l'autre, elles explorent leur sexualité, se réinventent et bousculent leur quotidien.

Si la moitié d'entre elles tombent amoureuses, l'autre moitié n'est là que pour le sexe. De ce point de vue-là, on peut donc dire que les femmes et les hommes sont égaux face à l'infidélité.

En revanche, même si l'infidélité au féminin n'est plus condamnée aussi sévèrement qu'autrefois, si elle ne représente plus la première cause de divorce, et si le décalage de jugement entre infidélité masculine et infidélité féminine s'est considérablement atténué, un homme volage est toujours considéré comme puissant et viril, alors qu'une femme infidèle continue d'être stigmatisée.

Isabelle Tilmant nous explique une autre différence notable : « Si au départ, le désir de toucher et d'être touchée motive son besoin d'aller voir ailleurs, il est possible que la relation amant/amante se transforme. Là où un homme infidèle va avoir tendance à cliver les deux espaces, une femme peut à l'inverse tout naturellement s'investir davantage… et tomber amoureuse ! »

C'est la raison pour laquelle certaines femmes quittent leur foyer pour aller vivre leur vie avec leur amant, un cas de figure bien plus rare chez les hommes – avis à toutes celles qui fréquentent des hommes mariés.

Hervé, quarante-trois ans, deux fils : *J'ai connu pas mal de femmes, dont je pense avoir été sincèrement amoureux, mais je sais que je ne quitterai jamais ma femme et mes fils ! Je suis infidèle par nature et par habitude ! Mes amies me disent que je suis lâche, car je suis incapable de quitter mon confort et mon image d'homme bien sous tout rapport. J'admire et j'envie ces hommes qui quittent tout pour une autre, moi je sais que je ne pourrai jamais.*

Autre différence majeure : quand l'infidélité est avérée, les hommes sont plus blessés que les femmes, car leur ego en prend un sacré coup, c'est le syndrome du vestiaire (avec cette question centrale de la taille de leur sexe par rapport à celle des copains).

Alors qu'une femme trompée va chercher à connaître l'âge et le physique de sa rivale (« Qu'est-ce qu'elle a plus de moi ? », « Évidemment, elle est plus jeune… »), l'homme va chercher à savoir si l'autre est plus performant que lui (« C'est mieux avec lui qu'avec moi ? »).

D'autre part, l'homme trompé se remettra moins en question : il n'ira pas jusqu'à se demander en quoi il est « coupable » dans cette histoire d'adultère.

Michel Jonasz est bouleversant de sincérité quand il chante : « Dites-moi, dites-moi même, qu'elle est partie pour un autre que moi, mais pas à cause de moi, dites-moi ça, dites-moi ça. »

Les femmes, de leur côté, chercheront à connaître leur part de responsabilité.

Stéphanie, trente-neuf ans : *Quand Fabrice m'a trompée, je l'ai traité de tous les noms, je lui ai dit des horreurs et je l'ai quitté, ça me semblait évident ! J'ai alors entamé une analyse qui m'a permis d'assumer ma part de responsabilité dans le délitement de notre couple. J'avais quand même pris vingt-sept kilos entre le moment de notre mariage et la naissance de notre troisième enfant. J'ai compris, avec le temps, que j'avais trouvé des bénéfices secondaires dans le fait de prendre du poids et de n'être plus qu'une maman et non plus une femme sexuelle.*

Non seulement les femmes décortiqueront chaque instant de leur vie de couple, cherchant à comprendre ce qu'elles ont bien pu faire, ou ne pas faire, pour en arriver là, mais elles se serviront même de ce tsunami pour rebondir, redevenir actrices de leur vie et sortir de la victimisation.

« Une femme qui est bien avec elle-même, si elle voit son partenaire partir avec une jeunette, pourra même se dire : Ce n'est pas qu'il me trompe, mais c'est moi qui me suis trompée sur lui… », remarque Isabelle Tilmant.

Dans ces conditions, nous sommes plus à même de pardonner, car nous comprenons ce qui a pu nous mener à un tel désastre, alors que l'homme trompé, lui, reste sidéré. Il n'en revient pas, il n'a rien vu venir. Dans sa tête ce n'est pas possible que sa femme soit volage : c'est la mère de ses enfants !

Quarante ans, l'âge de l'échangisme ?

« La tristitude, c'est quand ta femme
fait de l'échangisme un peu sans toi…
et ça fait mal. »

OLDELAF

Qu'est-ce que l'échangisme, si ce n'est un adultère consenti et contrôlé ? Et si à quarante ans, en pleine saison des plaisirs, la solution était d'être infidèles ensemble ?

On pourrait croire que la quarantaine, propice à tous les plaisirs, serait l'occasion d'expérimenter une sexualité « transgressive » au sein de son couple. D'après Caroline Leroux, ce n'est pas franchement le cas, car il n'y a pas d'âge pour la partouze : « On naît échangiste, on ne le devient pas. »

Quand les règles sont posées au tout début de la vie de couple et validées ensemble, tout va bien. Mais croire qu'on peut emprunter la voie du libertinage du jour au lendemain, pour faire plaisir à l'autre, ce n'est pas ce qu'on peut appeler un « projet à deux ». Avoir des relations libertines, c'est un mode de vie, une philosophie, ça ne s'improvise pas. Et cela peut comporter des risques qui ne sont pas facilement mesurables. C'est un peu la roulette russe : soit ça passe, soit ça casse.

Pour Caroline Leroux, « l'un est toujours à l'origine et sollicite son partenaire de vie qui peut alors accepter pour ne pas perdre l'autre, pour lui faire plaisir, comme une preuve d'amour. Le risque, pour celui ou celle – le plus souvent – qui accepte à contrecœur, c'est la perte d'estime de soi. »

Et même pour l'initiateur du projet, attention au phénomène de « l'arroseur arrosé ». Voir sa femme prendre du plaisir avec d'autres mecs, sur le papier cela peut être excitant. En vrai, traumatisant.

D'ailleurs, après avoir pris conseil auprès de plusieurs sexologues, il se trouve qu'aucun d'entre eux ne préconise de passer du fantasme à la réalité.

Même pour ces femmes qui prônent l'égalité sexuelle à tout prix, pour qui les pratiques sexuelles transgressives en couple seraient une revanche féministe par rapport à leurs mères et grands-mères qui ont été contraintes d'accepter les relations extraconjugales de leur mari, le club échangiste ne remplacera jamais une bonne thérapie de couple.

Il est dangereux d'aller chercher « à l'extérieur » ce qu'on a sous la main. Tenter de préserver l'intimité de son couple, voilà le vrai défi de la quadra !

Tu fais quoi dans la vie ?

À quarante ans, c'est comme si on était définie uniquement par son métier.« Tu fais quoi dans la vie ? » a tendance à devenir une question angoissante, car elle nous oblige à faire le bilan de notre vie professionnelle.

L'être l'emporte sur le paraître

Le statut social a pris le pas sur la réalisation de notre propre désir. Voici des années que l'on court après l'approbation de nos chefs, de nos collègues, de nos amis, de notre famille.

Mais finalement, qu'est-ce que je veux, moi, pour moi ? Quels bénéfices personnels mon travail m'apporte-t-il ? N'ai-je pas mis de côté mes aspirations profondes au profit de mon image sociale ? Ai-je envie de donner encore vingt ans de ma vie à cette activité professionnelle ?

« À vingt ans, ce qui compte avant tout, c'est de faire ses preuves, ses expériences. À trente ans, on veut avoir une carrière, un statut. À quarante ans, on entre dans des problématiques autour de l'être… », constate Thierry Chavel, coach professionnel.

En fait, c'est vers quarante ans qu'on se trouve réellement confrontée à une « crise professionnelle » qui peut nous chambouler, d'autant plus qu'elle correspond souvent à une remise en question de son couple et de ses choix de vie.

Bref, quarante ans, c'est le moment idéal pour passer de la période de réalisation des désirs à la réalisation de soi.

D'ailleurs, force est de constater que certains grands de ce monde ont dû attendre la quarantaine avant de donner toute la mesure de leur talent. N'oublions pas que ce n'est qu'à quarante-quatre ans que Freud publie *L'Interprétation des rêves*.

À quarante ans, rien n'est perdu, bien au contraire !

« Avant trente ans, vous êtes rejetée par le monde de l'entreprise, car vous êtes inexpérimentée ; après quarante-cinq ans, vous n'êtes plus jugée apte à être au top, votre carrière a atteint sa date de péremption », avoue Thierry Chavel.

Challengées professionnellement par la « génération Z », les quadras risquent de se retrouver sur la touche, au mieux placardisées, au pire licenciées. Et quand on sent le vent tourner, il vaut mieux être actrice de ses choix plutôt que de les subir. D'où l'intérêt de prendre les devants en se remettant en question.

Car après dix ou quinze ans dans le même secteur, et parfois dans la même entreprise, il est de plus en plus fréquent de se rendre compte que l'on n'est plus satisfaite et qu'on s'est trompée. D'autant plus que les codes de l'entreprise sont encore largement phallocentriques. C'est un milieu plus difficile pour nous : nous avons interdiction d'être vulnérables… *Le Diable s'habille en Prada*, ce n'est pas que de la fiction.

Juste une mise au point

« Quarante ans, ce n'est pas forcément l'âge de changer de job, mais de changer le moteur dans son job », continue Thierry Chavel. Il y a donc urgence à faire le point sur sa situation au boulot.

D'ailleurs, beaucoup de quadras s'engagent dans la voie d'un bilan de compétences. S'il n'aboutit pas systématiquement à un changement radical de vie professionnelle, il constitue néanmoins une première étape et permet de faire une mise au point sur ses centres d'intérêt et ses motivations profondes et de donner les pistes d'une nouvelle voie professionnelle.

Cette démarche peut bien sûr être complétée par la rencontre avec un coach professionnel, souvent davantage à l'écoute de nos désirs profonds.

Sandra, quarante-deux ans, chef de publicité : *Quand j'ai eu quarante ans, alors que j'avais un job en or, j'ai traversé une période de forte démotivation. Tout me semblait fastidieux et j'avais l'impression d'être nulle, d'autant plus que je voyais arriver dans l'entreprise des petites jeunes aux dents longues qui, elles, avaient la niaque. C'était comme si j'exécutais les tâches qui m'étaient imparties tel un bon petit robot sans être connectée au plaisir que j'avais connu auparavant dans mon job. J'ai alors consulté un coach qui m'a permis de me reconnecter avec mes valeurs profondes, mes principaux talents et de reconnaître mes défis d'évolution. J'en suis ressortie avec une confiance en moi que j'avais perdue, j'ai retrouvé de la cohésion entre mes désirs et mon job… Et la motivation est revenue. Trois mois après, j'ai été promue.*

Attention toutefois, le coach n'a pas de pouvoir magique et ne peut transformer votre vie professionnelle d'un coup de baguette !

À l'issue de ces démarches, on ne quitte pas nécessairement son job pour un autre. Finalement, votre changement à vous sera peut-être juste une nouvelle façon d'appréhender votre travail actuel : se mettre la barre moins haut, accepter de ne pas être forcément la meilleure, déléguer à vos collègues, ou partir plus tôt pour aider votre petit dernier à réviser son contrôle de maths ou pour avoir le plaisir de retrouver une amie en terrasse.

Caroline, quarante et un ans, directrice juridique dans un laboratoire pharmaceutique : *De trente-cinq à quarante ans, j'étais ce qu'on peut appeler une* « workaholic », *mon travail passait avant tout, avant mon mec, avant mon fils. Je me souviens qu'un matin, Louis était malade (il avait clairement de la fièvre) et, au lieu de faire ce que le bon sens aurait dû me dicter, à savoir le garder pour la journée à mes côtés, j'ai décidé de l'emmener coûte que coûte à la crèche. Résultat, deux heures après, alors que j'étais en pleine réunion, la directrice m'appelait pour me dire qu'il fallait que je vienne le chercher immédiatement. Ce jour-là, en quittant la salle de réunion le cœur battant, le sentiment d'être à la fois une mauvaise mère et une mauvaise professionnelle m'a envahie. Depuis, j'ai décidé de privilégier mon fils quoi qu'il se passe, quitte à supporter les regards désapprobateurs de mes jeunes collègues célibataires. Je me sens bien plus en adéquation avec moi-même depuis que j'ai adopté ce nouvel équilibre.*

Caroline fait partie de ces femmes qui ont réussi, et qui, à un moment de leur vie, ont eu l'impression d'avoir trahi leur féminin et de s'être coupées de leur fragilité. Son désir de réussite, comme pour beaucoup d'entre nous, l'a amenée à prendre des responsabilités, à développer des projets et à remplir des rôles plutôt que d'être simplement elle-même.

Avec, à la base, toujours le même phénomène de surinvestissement : le burn-out n'est pas loin…

Le burn-out ne passera pas par moi

Ce stade ultime du stress au travail, accompagné d'un manque de reconnaissance en retour, touche trois femmes pour deux hommes.

Quand on essaie de tout concilier – carrière professionnelle, famille et vie amoureuse –, ce qui est le cas de nombreuses quadras, on le fait parfois au détriment de sa santé.

Selon Thierry Chavel, les symptômes de burn-out sont les mêmes pour toutes : à la fois une sensation de vitesse qui peut être grisante : « J'accélère, mais j'absorbe », et une irascibilité plus forte (on est plus susceptible, en colère, on est facilement au bord des larmes, on dort moins bien).

En gros, vous ne supportez plus vos collègues, que vous jugez incompétents, vous vous rendez au travail la boule au ventre ? Attention, vous êtes peut-être sur le point de craquer !

Arrêtez-vous avant de péter les plombs. Ne faites pas comme cette ancienne salariée qui avait ouvert un groupe de discussion « Extermination des directrices chieuses » et suggéré de faire voter une loi pour « éliminer les patronnes mal baisées qui nous pourrissent la vie » !

À ne pas prendre pour exemple non plus, ce post Facebook qui a coûté cher à son auteur : « Journée de merde, temps de merde, boulot de merde, boîte de merde, chef de merde » suivi de « J'aime pas les petits chefaillons qui jouent au grand ». Le pauvre homme a été licencié et poursuivi pour injure publique devant le tribunal correctionnel de Paris et s'en est tiré avec une amende de cinq cents euros avec sursis.

De la même manière, interdiction de gifler un collègue, de proférer des menaces contre les gens avec lesquels on travaille, de critiquer de manière virulente et à répétition les décisions de son supérieur hiérarchique. On n'a pas le droit… hélas !

C'est une faute grave.

Nouveau job pour une nouvelle vie

De nos jours, et a fortiori à l'approche de la quarantaine, on subit une véritable injonction à s'assumer et à s'épanouir, dans son couple, certes, mais dans son travail aussi.

Parce qu'on passe plus de temps auprès de ses collègues qu'avec sa propre famille, il devient urgent de se faire plaisir au travail. D'où des désirs de reconversion de plus en plus fréquents.

La quadra ne mise plus tout sur sa carrière, elle ne veut plus perdre sa vie à la gagner. Frustrée par un emploi du temps surchargé et des réunions à n'en plus finir, régulièrement insatisfaite par un job ultra-chronophage, elle rêve d'un monde plus humain et refuse l'agressivité ambiante et la compétition acharnée. Elle a envie de faire enfin quelque chose qui lui plaît vraiment.

Grâce à sa reconversion professionnelle, Linda considère avoir vécu une seconde naissance : *Jusqu'à quarante ans, ma vie a été un long sommeil. Heureuse en couple et maman de trois jeunes enfants, un poste à responsabilité… Et puis, à quarante ans, tout a volé en éclats : mon mari m'a quittée, j'ai été licenciée de mon cabinet d'expert-comptable et j'ai perdu ma mère dans la foulée. Je suis alors partie en quête de moi-même avec l'aide d'un coach. J'ai pris conscience que mon activité était le contraire de ce que je considérais comme essentiel : l'humain. J'ai alors entamé une formation et passé mon CAP d'esthéticienne avec des gamines qui auraient pu être mes filles… Résultat des courses : ce nouveau savoir-faire mixé à mon expérience m'a permis d'être à la tête de plusieurs instituts qui marchent très bien, et je m'éclate au quotidien dans l'échange que j'ai avec mes clientes.*

La force de Linda a été d'identifier son désir profond et de l'associer à ses compétences.

Parfois, c'est à la faveur d'un simple déménagement qu'on se reconnecte à ses vraies aspirations.

Ex-bobo parisienne de trente-huit ans, Estelle a choisi de partir exercer son métier d'institutrice dans un petit village du sud de la France. Épuisée par les longs trajets en métro, la vie parisienne stressante et des parents d'élèves agressifs, elle n'était plus en accord avec ses envies : *Je ne pensais pas que le fait de me rapprocher du soleil et de la lumière allait à ce point jouer sur mon moral. Évidemment, j'ai toujours trente élèves dans ma classe et des tonnes de copies à corriger, mais le fait de savoir que je rentre chez moi après le boulot, et que je vais retrouver mon jardin et le calme de ma campagne, correspond finalement à ce que j'ai toujours souhaité.*

Mais quand l'envie de tout envoyer valser prend le pas sur le principe même de réalité, il faut « passer du projet imaginaire au projet réel », nous dit Isabelle Tilmant, c'est-à-dire bien mesurer ce qu'on s'apprête à faire.

Par exemple, monter des projets autour de l'hospitalité – la fameuse maison d'hôtes ! –, un grand classique chez les quadras citadins, tentés par un « retour à la terre » et à l'authenticité, n'est pas donné à tout le monde. Aimer faire des confitures deux week-ends tous les trois ans ne laisse en rien présager que vous aimerez le faire tout au long de l'année, surtout pour des inconnus. Et il ne suffit pas d'aimer recevoir des amis à sa table pour s'improviser restaurateur.

Lassés par une vie professionnelle classique et son rythme épuisant, certains quadras, tels de nouveaux aventuriers, désirent redonner un sens à leur vie en ne mettant plus l'argent au premier plan. Ils sont prêts à « gagner moins pour vivre mieux ».

Et ils ont raison d'être prêts, car dans la très grande majorité des cas, c'est exactement cela qui se passe…

Anne-Sophie, avocate, et Jean, juriste, sont partis peu avant leurs quarante ans, leurs deux enfants sous le bras, vivre en Corrèze. Dans la maison dont ils ont hérité là-bas, ils ont décidé de retaper le corps de ferme afin d'en faire quatre chambres d'hôtes : *Au début, nous voulions aussi monter une exploitation de maraîchage bio et de petits fruits rouges. Mais on ne s'improvise pas agriculteur quand on s'est déjà improvisé hôtelier. La récolte n'a pas été à la hauteur de nos prévisions et tout l'argent est parti dans le matériel agricole. Du coup, les travaux ont pris du retard et pour le moment nous vivons toujours dans la seule partie chauffée de la maison. Ça amuse les enfants, nous beaucoup moins… Nous ne pouvons même pas inviter nos amis, donc les clients, c'est même pas la peine d'y penser pour l'instant. Jean envisage, en attendant, de reprendre une petite supérette en gérance à vingt kilomètres de chez nous. C'est dur.*

Sans compter que de travailler en couple peut s'avérer très dangereux...

Emmanuelle, quarante-deux ans, est carrément rentrée sans son compagnon, après dix-sept mois de galère conjugale dans les Cévennes : *On est partis pour retrouver une qualité de vie, et nous retrouver tout court, ce qu'on n'arrivait plus à faire à Paris, pris par nos boulots respectifs. Quelle n'a pas été ma déception quand je me suis aperçue que, si nous passions plus de temps ensemble, nous n'avions plus un seul instant pour nous entre le ménage, les petits-déjeuners à préparer et Marco qui s'était transformé à la fois en guide culturel et en monsieur bricolage. J'ai aussi découvert que c'était un sacré dragueur – ce que je ne voyais pas quand je ne l'avais pas sous le nez en permanence –, notamment avec les jeunes étrangères qui venaient passer quelques jours chez nous à la découverte, soi-disant, de la région.*

Bref, l'herbe n'est pas toujours plus verte ailleurs.

« Quand on est ailleurs, nous dit Isabelle Tilmant, on met en place un nouveau quotidien. Le nouvel ailleurs va se transformer en cet ici dont on ne voulait plus. L'ailleurs, c'est ici, où que l'on soit ! »

Autrement dit, *nihil novi sub sole :* plus ça change, plus c'est pareil (L'Ecclésiaste).

Abandonner ses plans peut ressembler à une perte, une capitulation devant les exigences de la vie qu'on n'a pas choisies. Pourtant, il s'agit également d'une forme de libération à travers la reconnaissance de l'importance de la qualité de sa propre vie intérieure, qui a très peu à voir avec les accomplissements extérieurs ou sanctionnés socialement.

Plutôt qu'un aveu d'échec, cette étape permet de laisser surgir de nouveaux besoins, de nouveaux défis, d'autres buts, bref un vrai désir de réorienter sa vie.

L'âge terrible

« Quarante ans, ce n'est pas la perte des illusions, c'est le réajustement de l'illusoire. »

CENDRINE BARRUYER

Quarante ans, c'est une étape cruciale dans la vie d'une femme. Un face-à-face inattendu avec soi-même qui nous implique profondément. Un moment privilégié qui nous oblige à faire le bilan de notre passé, à nous pencher sur le présent et à réinventer un avenir en harmonie avec nos aspirations profondes, nos priorités et nos valeurs.

Quarante ans, c'est l'âge de la lucidité qui nous amène non pas à renoncer à nos rêves mais à composer avec la réalité, celle de nos propres forces mais aussi de nos limites. Exit les principes, la naïveté et la vanité, fini les plans sur la comète et les idéaux inaccessibles, et place au réel qui ouvre le champ de tous les possibles.

Quarante ans, c'est le moment d'oser dire non quand on répondait oui à contrecœur, de se faire confiance plutôt que d'être dépendante du jugement des autres, de s'épanouir plutôt que de se comparer. Enfin vivre sa vie en faisant ses propres choix et en les assumant.

Quarante ans, c'est l'occasion rêvée d'être authentique et de se plaire telle que l'on est vraiment avec ses fragilités, ses imperfections et ses échecs.

Quarante ans, c'est un âge terrible car « c'est l'âge où nous devenons ce que nous sommes », comme l'écrit Charles Péguy.

Quarante ans, c'est l'âge de se faire plaisir !

Remerciements

Un grand merci renouvelé à Guillaume Robert pour sa confiance et à Olivia Karam pour son aide bienveillante.

Merci à tous les anonymes qui ont bien voulu que je mette en lumière leur histoire intime.

Merci à Isabelle Tilmant, Ghislaine Szpeker-Benat, Caroline Leroux, Alain Héril et Thierry Chavel pour leur éclairage si précieux sur le sujet.

Merci aux surprises de la vie, aux routes qui auraient dû être droites et qu'on découvre sinueuses, aux amis qui restent et à ceux qui arrivent.

Merci à tous, merci pour tout.

Table des matières

C'est maintenant ou jamais 15
Une transition délicate 23
Bonjour, Madame 31
Irrésistible et décomplexée 39
Tic-tac 49
To be or not to be maman ? 59
Alors, toujours heureuse ? 67
C'est reparti pour un tour 79
Quitter l'homme de son ex-vie 89
Splendeurs et misères du divorce 99
La famille décomposée 109
L'âge des plaisirs 117
Rester fidèle… à soi-même 129
Tu fais quoi dans la vie ? 143
L'âge terrible 159

Remerciements 163

Imprimé en France par CPI
en mars 2016

Dépôt légal : mars 2016
N° d'édition : L.01ELIN000424.N001
N° d'impression : 133195

Cet ouvrage a été mis en page par IGS-CP
à L'Isle-d'Espagnac (16)